La Belle Musique

클래식 하프 듀오곡집 1

머리말

　'La Belle Musique'는 '아름다운 음악'을 의미하며, '하프듀오 피우'는 하프로 '아름다운 음악'을 대중에게 널리 알리는 것을 목표로 하고 있습니다. 이 책은 피우의 하프에 대한 열정과 지난 여정의 첫 번째 결과물입니다. 미니하프에 대한 지식과 기술을 공유하여, 모든 이들이 하프 연주를 더 쉽게 배우고 즐길 수 있도록 돕기 위해 쓰여졌습니다.

　첫 권의 난이도는 초급으로, 하프 입문자가 연주를 즐겁게 할 수 있도록 모두가 알 만한 대중적인 클래식 곡들로 구성하였습니다. 하프의 음색과 연주 기법이 곡에 돋보이도록 편곡하였으며, 특히 임시표(반음) 연주가 힘든 논레버하프(Non-Lever Harp)를 위한 반음 연주가 가능하도록 편곡하여 다양한 연주곡을 즐길 수 있도록 하였습니다.

　이 책을 통해 많은 사람들이 미니하프 연주의 무한한 즐거움을 느끼며, 아름다운 음악을 함께 공유할 수 있기를 바랍니다. 감사합니다.
　미니하프의 아름다운 음악으로 초대하며,

저자 전민이, 홍선영

이 책의 특징

1. 하프 입문·초보자도 쉽게 연주할 수 있도록 곡마다 난이도를 표시하였습니다.

2. 시대별 음악가 순으로 곡을 수록하여 음악의 흐름을 느낄 수 있습니다.

3. 둘이서 혹은 여럿이서 작은 무대, 큰 무대를 소화할 수 있도록 구성하였습니다.

4. 하프의 음색과 기법을 곡에 어울리도록 편곡하였습니다.

5. 핑거링·플레이싱 표시를 넣어 연주에 도움을 주었습니다.

6. 15현(16현) 논레버 미니하프의 스펙에 맞춰 연주할 수 있도록 편곡하였습니다.

7. 반음 연주가 가능하도록 편곡하였습니다.

8. 모범 연주 QR코드를 참고하여 연습할 수 있습니다.

난이도 표시

▶▷▷ 난이도 1에 해당하며 음을 비교적 간단하게 하여 쉬운 운지를 사용합니다.

▶▶▷ 난이도 2에 해당하며 음을 보통 수준으로 하여 교차 운지를 사용합니다.

▶▶▶ 난이도 3에 해당하며 다소 빠른 템포와 다양한 리듬으로 이루어져 운지에서 모든 손가락을 사용합니다.

반음 조절 표시

Fixed : 해당 곡에 반음을 조절한 후 연주하라는 표시이며, 조표와 임시표 모두 표시되어 있으니 반음 조절 후 연주하세요.

차례

바로크   1600~1750년

고전주의   1750~1820년

하프 연주기호

악보를 보기 전 미리 체크해 주세요!

L.H.   (Left Hand) **왼손 연주** : 왼손으로 연주합니다.

R.H.   (Right Hand) **오른손 연주** : 오른손으로 연주합니다.

X   **교차 운지** : 손가락을 교차하여 연주합니다.

슬라이드 : 1번 엄지손가락으로 첫음을 미끄러지듯 다음 음으로 진행하여 연주합니다.

아르페지오 : 이태리어로 '하프처럼 연주하라'는 뜻으로, 롤이라고도 하며 화음을 연주할 때 아래 음에서 위의 음을 차례대로 고르게 연주합니다.

글리산도 : 이태리어로 '미끄러지다'라는 뜻으로 1, 2번 손가락을 사용하여 현을 미끄러지 듯 연주합니다.

스타카토 : 음을 짧게 끊어 소리 내는 것으로 현을 퉁긴 후 바로 다시 잡아 짧은 음을 연주 합니다.

하모닉스 : 연주할 음보다 한 옥타브 위의 소리를 내주는 효과를 주는데 종처럼 맑은 소리 가 납니다. 연주할 현의 가운데를 잘 찾아 현을 눌렀다가 떼며 동시에 현을 엄지로 퉁겨줍 니다.

3 2 1   **브라켓과 핑거링** : 핑거링은 손가락 번호를 나타내고 브라켓은 손의 위치(플레이싱)를 지켜 서 연주합니다. 브라켓과 핑거링은 자신에게 편한대로 변경하여(다만 그대로 픽스하여) 연 주해도 좋습니다.

하프 옥타브 표기법

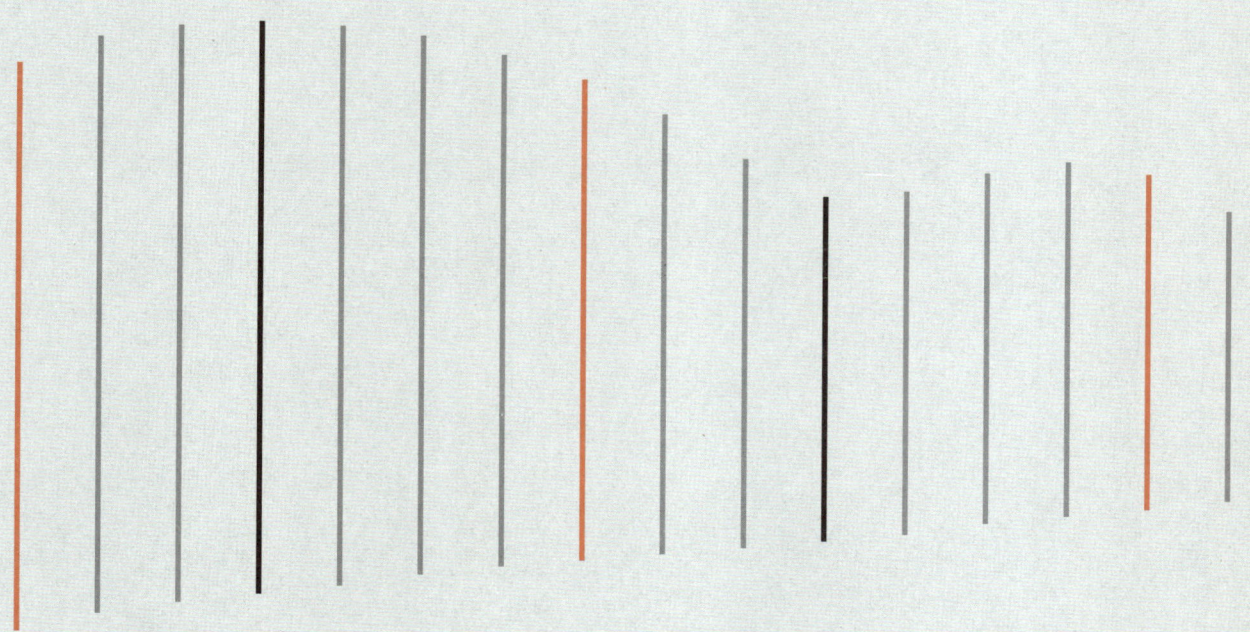

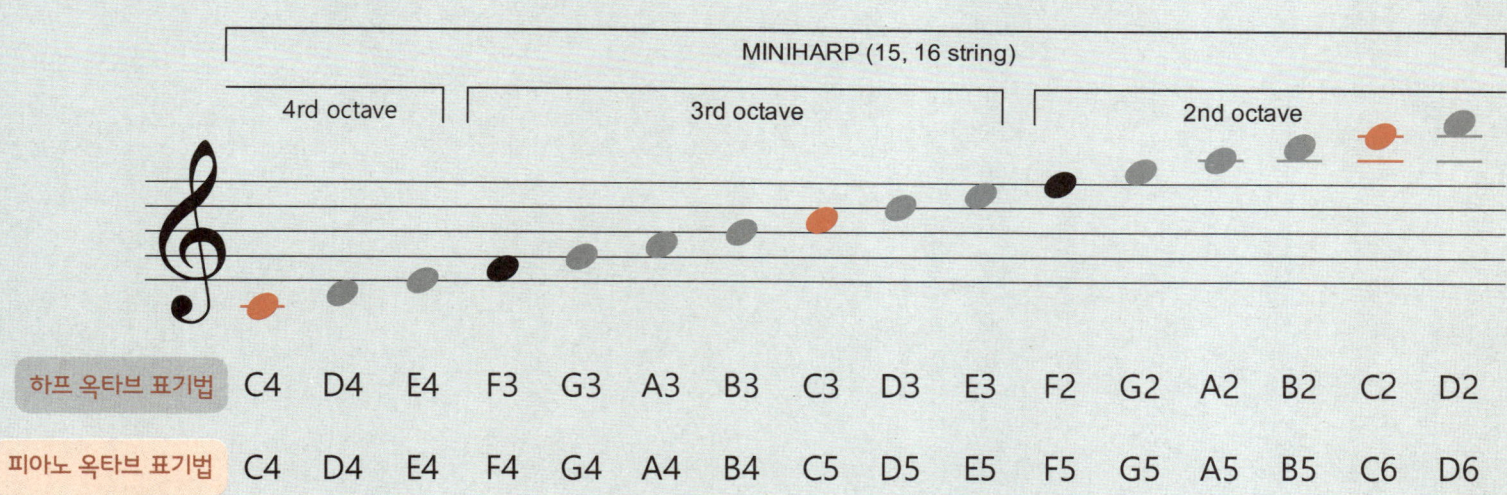

MINIHARP (15, 16 string)

4rd octave			3rd octave							2nd octave					

하프 옥타브 표기법	C4	D4	E4	F3	G3	A3	B3	C3	D3	E3	F2	G2	A2	B2	C2	D2
피아노 옥타브 표기법	C4	D4	E4	F4	G4	A4	B4	C5	D5	E5	F5	G5	A5	B5	C6	D6

Baroque Music
바로크

1600~1750년

복잡한 대위법과 기악 음악과 세속음악이 발전,

가상의 공연을 특징으로 하는 정교하고 화려한 음악 작곡이 특징이며

바흐, 헨델, 비발디 등의 음악가가 있습니다.

바흐   헨델   비발디

미뉴에트 3번

바흐 작곡
홍선영 편곡

미뉴에트 3번

바흐 작곡
홍선영 편곡

Allegretto

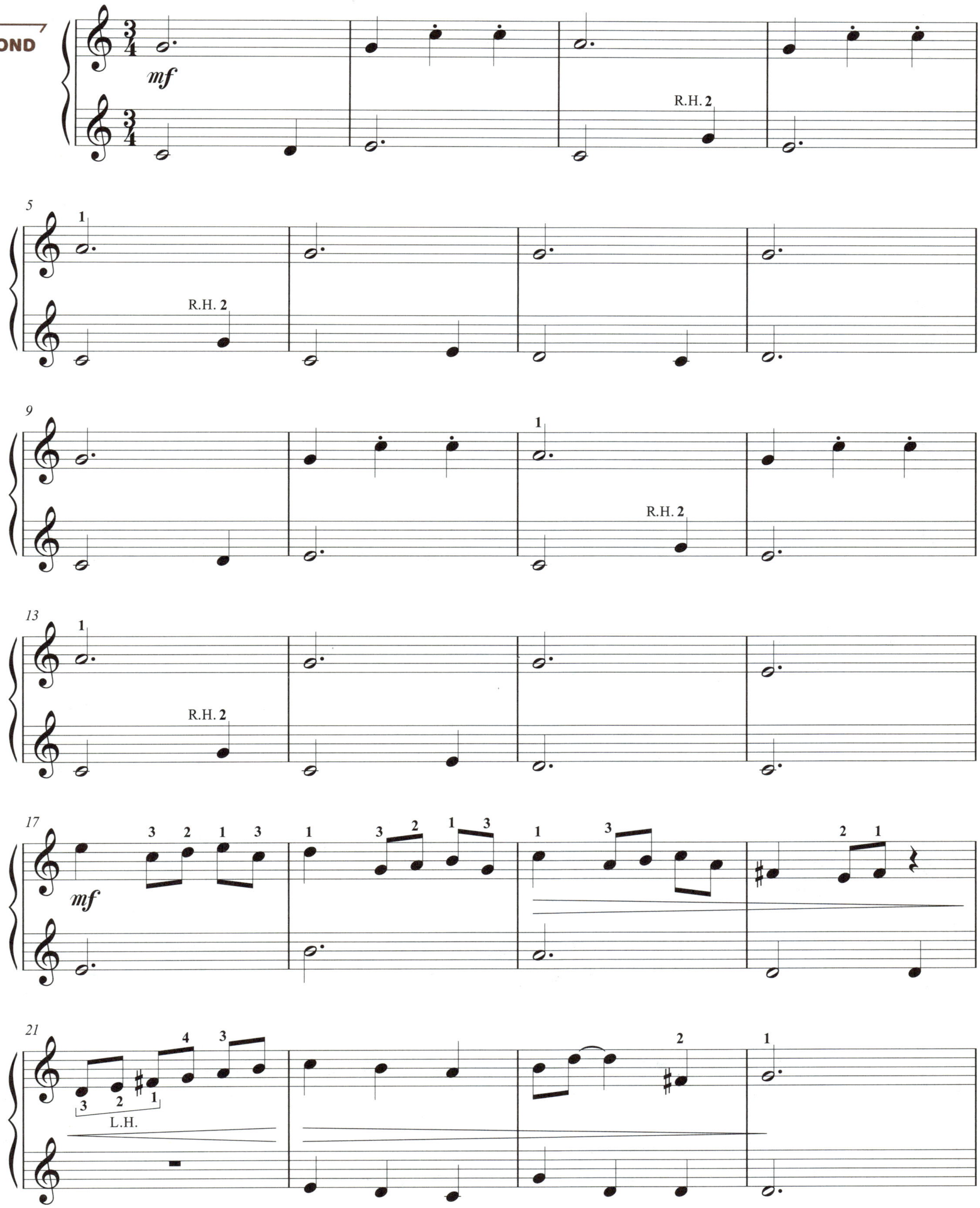

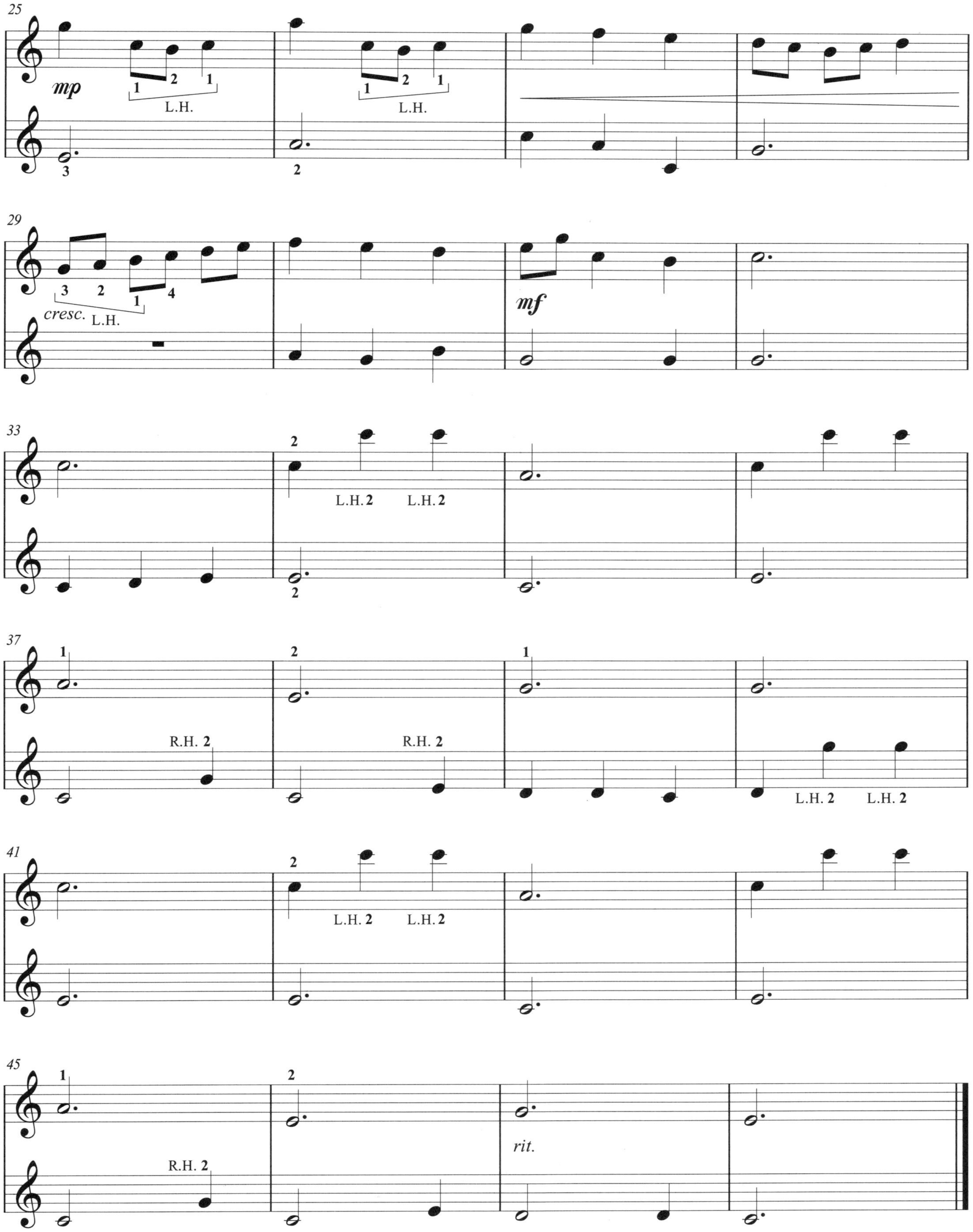
25
mp
L.H.
L.H.
29
cresc.
L.H.
mf
33
L.H. 2
L.H. 2
37
R.H. 2
R.H. 2
L.H. 2
L.H. 2
41
L.H. 2
L.H. 2
45
R.H. 2
rit.

'Lascia ch'io pianga' from <Rinaldo>

울게 하소서

Fixed

B3♭ B2♭

헨델 작곡
전민이 편곡

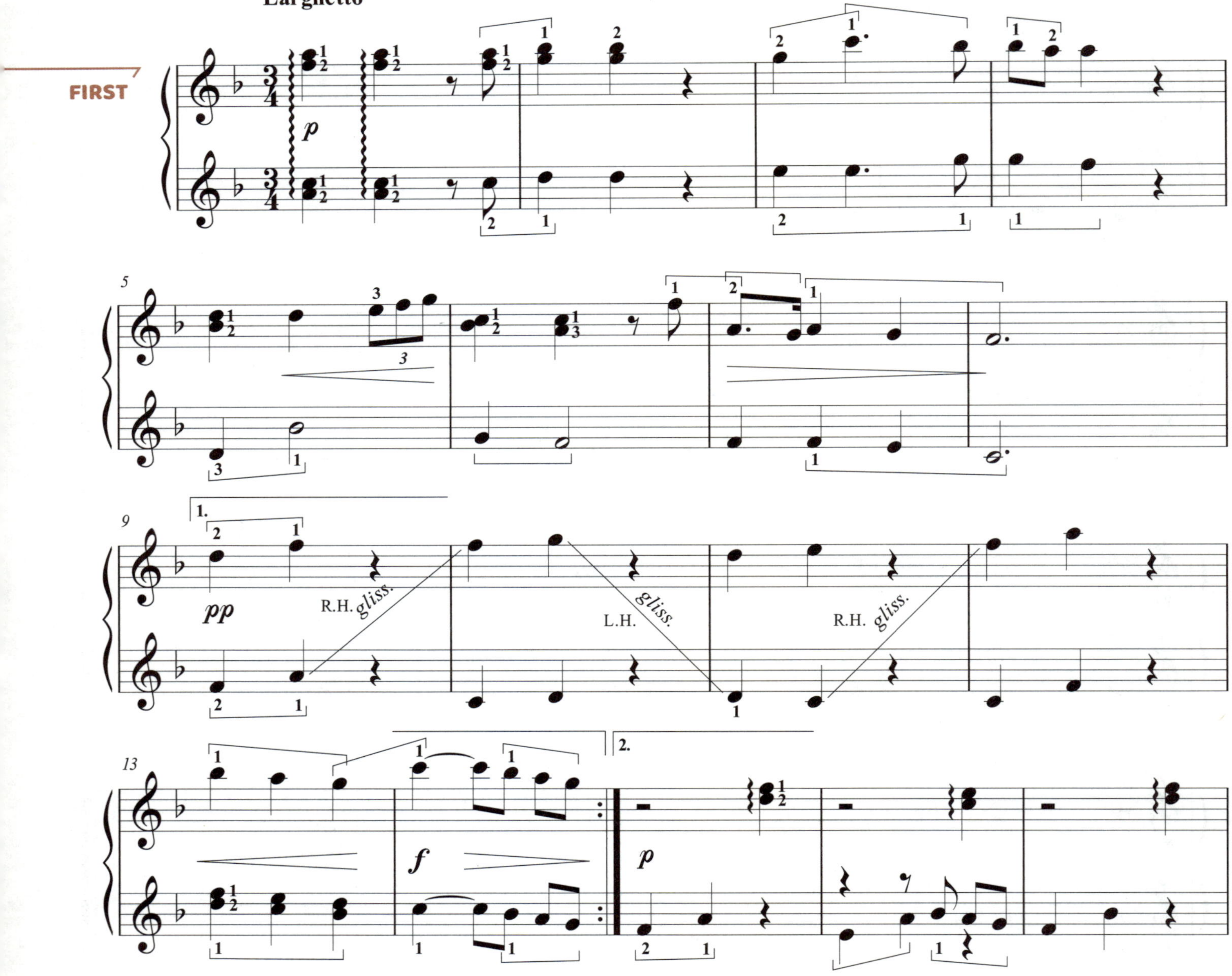

Larghetto

FIRST

'Lascia ch'io pianga' from <Rinaldo>

울게 하소서

헨델 작곡
전민이 편곡

Fixed

B3♮

Larghetto

SECOND

pp

mp

mf

알라 혼파이프

헨델 작곡
홍선영 편곡

FIRST

Allegretto

mf

f

mp

18

'Alla Hornpipe' from <Water Music Suite>

알라 혼파이프

헨델 작곡
홍선영 편곡

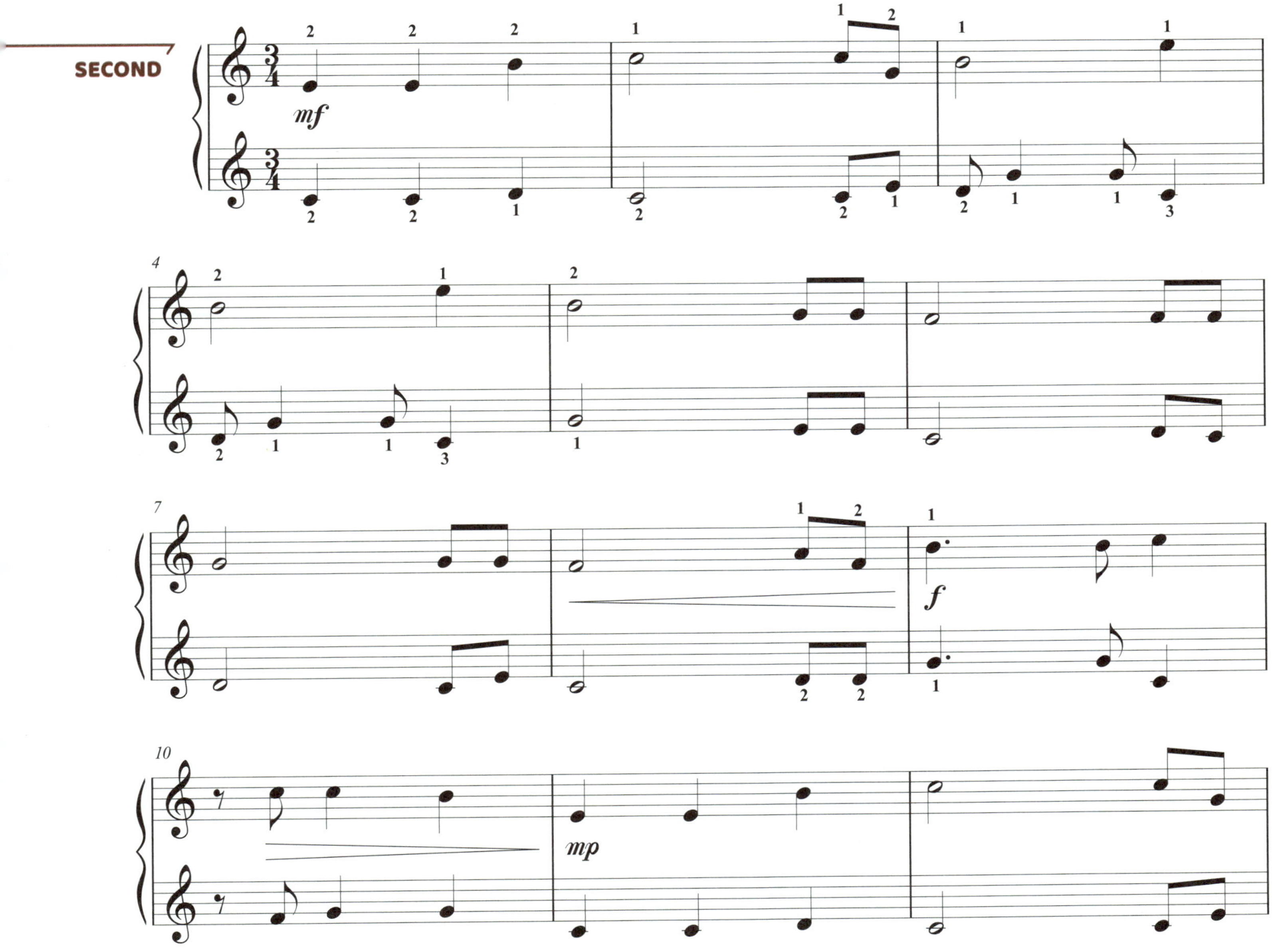

Allegretto

SECOND

〈사계〉 중 '봄'

비발디 작곡
전민이 편곡

Allegretto

FIRST

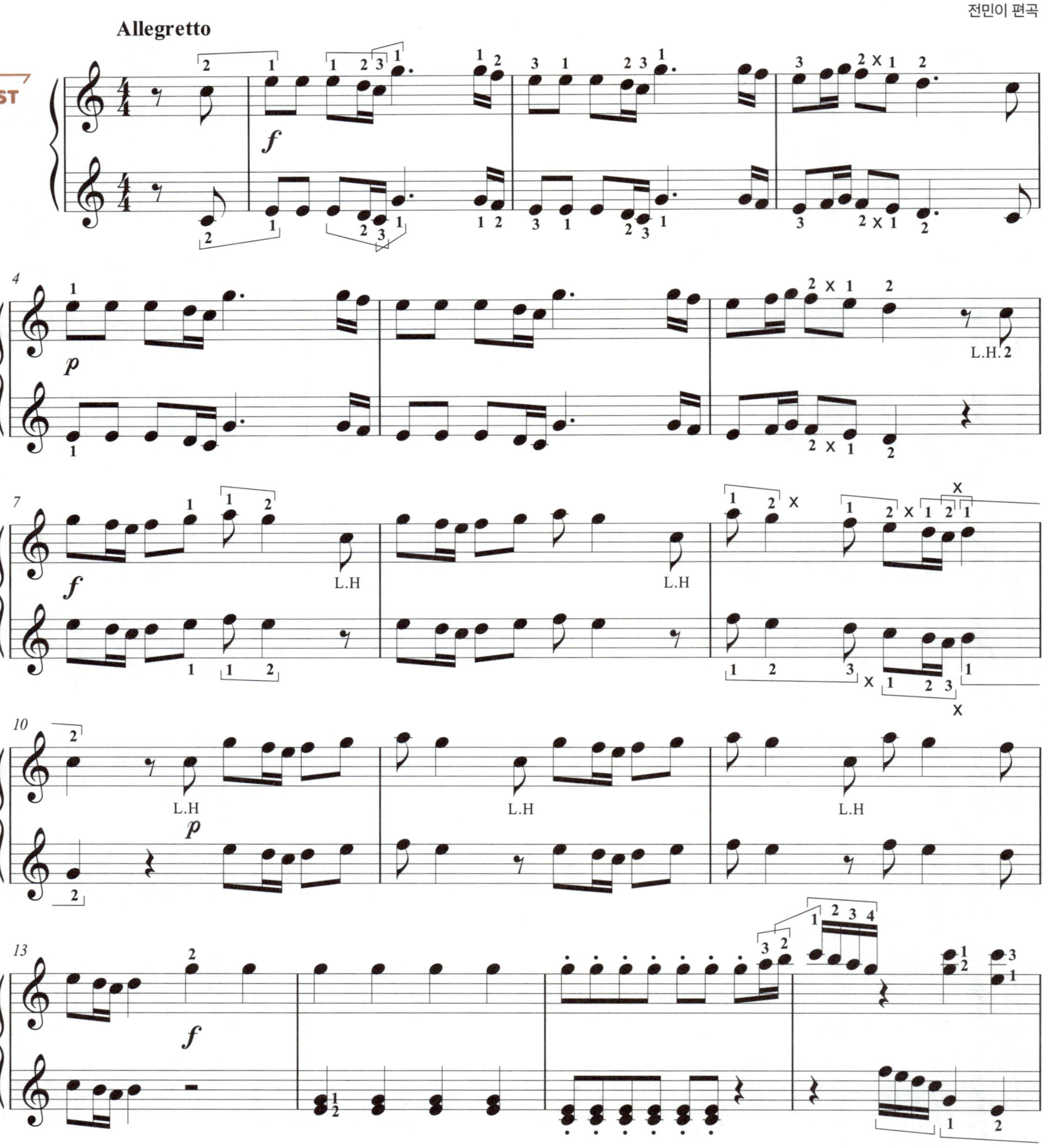

<사계> 중 '봄'

비발디 작곡
전민이 편곡

Classical Music
고전주의

1750~1820년

유럽의 계몽주의 사상의 영향으로 문화와 예술이 보편성을 추구하기 시작,
교향곡·실내악 등 다양한 음악 장르가 탄생하였고 절제되고 우아한 스타일
의 음악이 특징이며 모차르트, 베토벤, 하이든 등의 음악가가 있습니다.

모차르트　　　　　베토벤　　　　　하이든

Serenade

세레나데

하이든 작곡
전민이 편곡

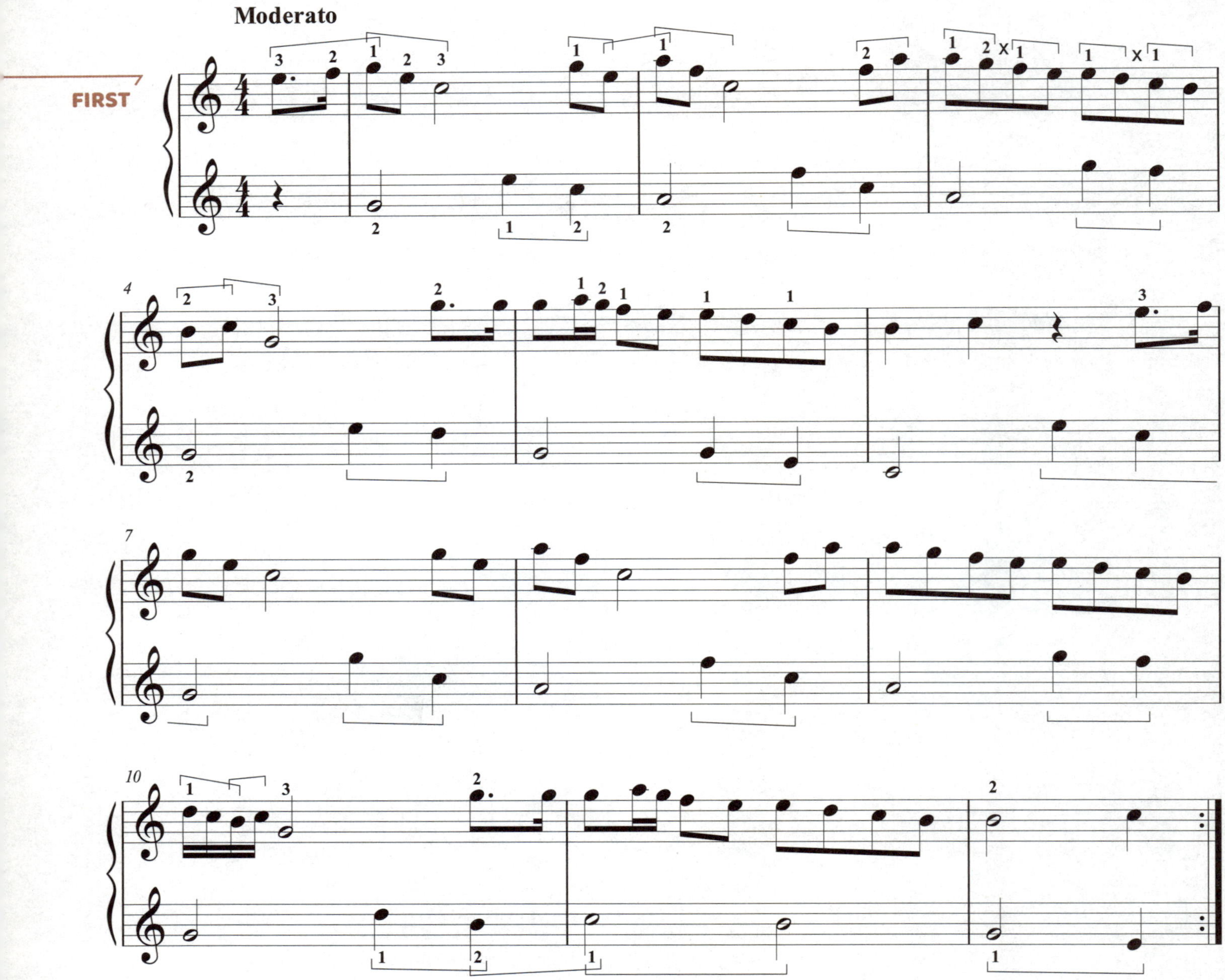

Moderato

FIRST

Serenade

세레나데

하이든 작곡
전민이 편곡

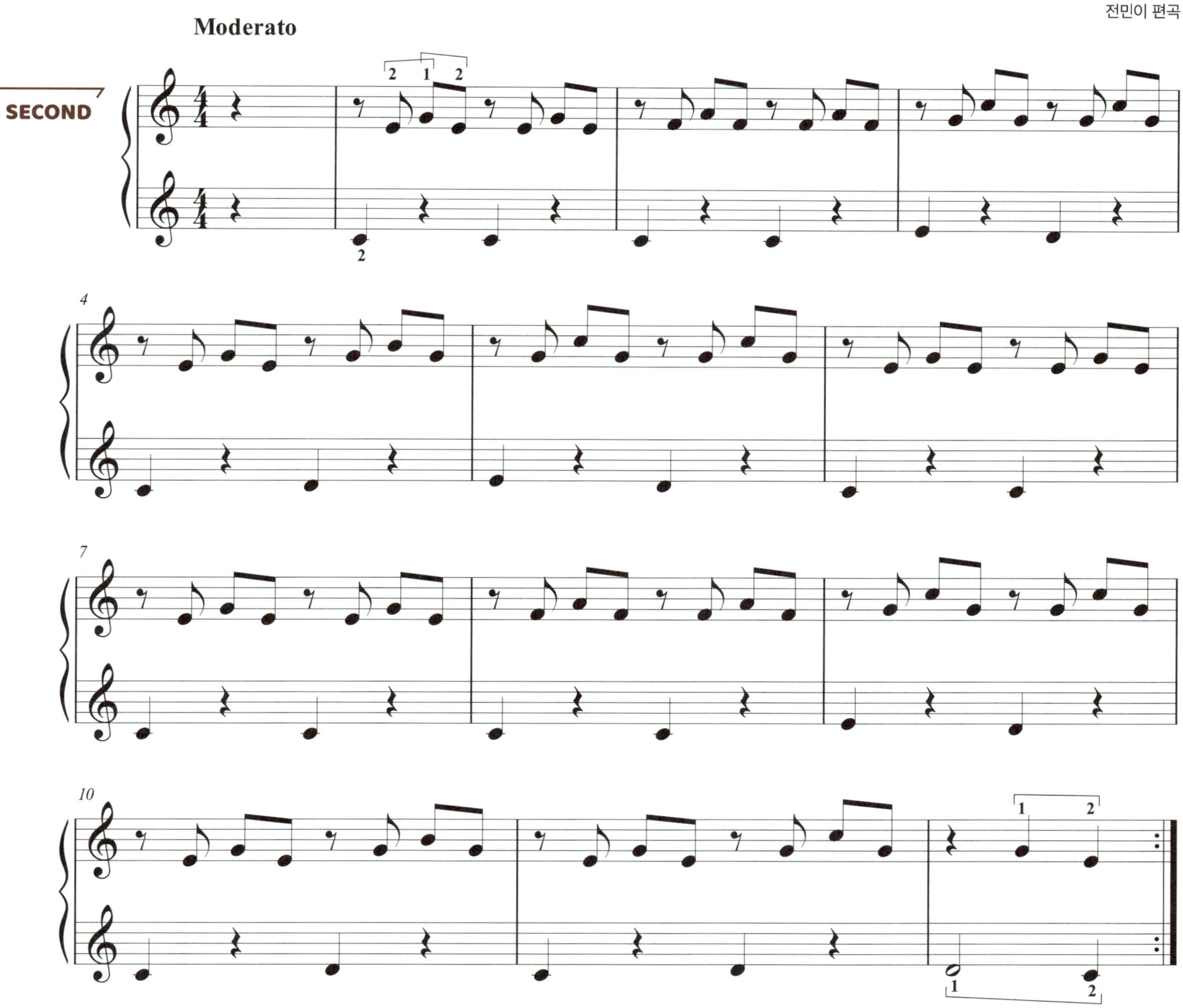

Moderato

SECOND

모범 연주

Piano Sonata in A Major No. 11

피아노 소나타 11번

모차르트 작곡
홍선영 편곡

Moderato

FIRST

mp

피아노 소나타 11번

모차르트 작곡
홍선영 편곡

Moderato

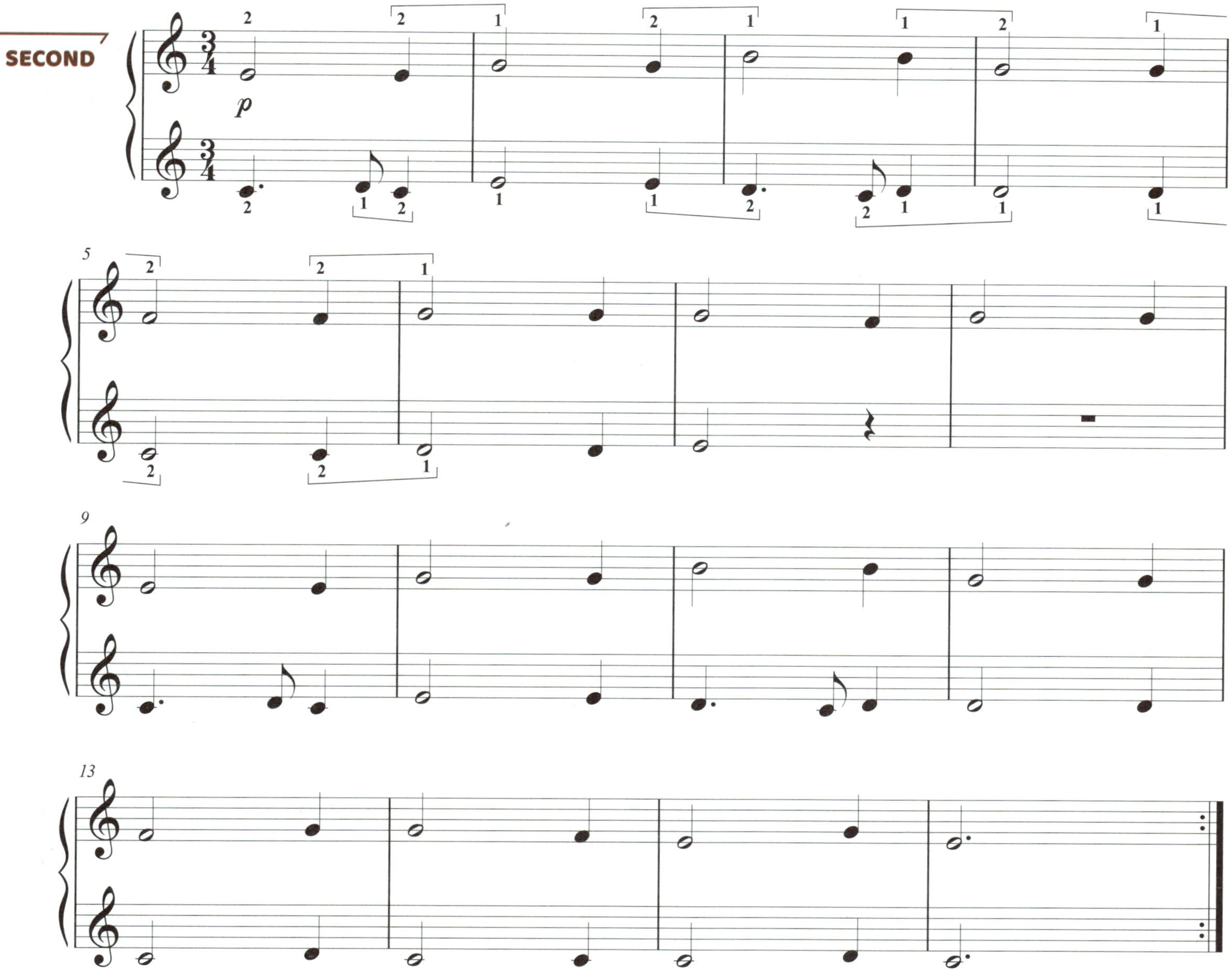

SECOND

Eine Kleine Nachtmusik

아이네 클라이네 나흐트무지크

Fixed
F3# F2#

모차르트 작곡
전민이 편곡

Allegro

FIRST

Eine Kleine Nachtmusik

아이네 클라이네 나흐트무지크

모차르트 작곡
전민이 편곡

Allegro

SECOND

Für Elise

엘리제를 위하여

베토벤 작곡
홍선영 편곡

Moderato

FIRST

* 하모닉스는 생략해도 됩니다.
** 하모닉스 대신 한 옥타브 높은 음을 연주해도 됩니다.

Für Elise

엘리제를 위하여

베토벤 작곡
홍선영 편곡

Moderato

SECOND

＊ 하모닉스는 생략해도 됩니다.

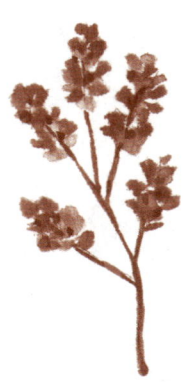

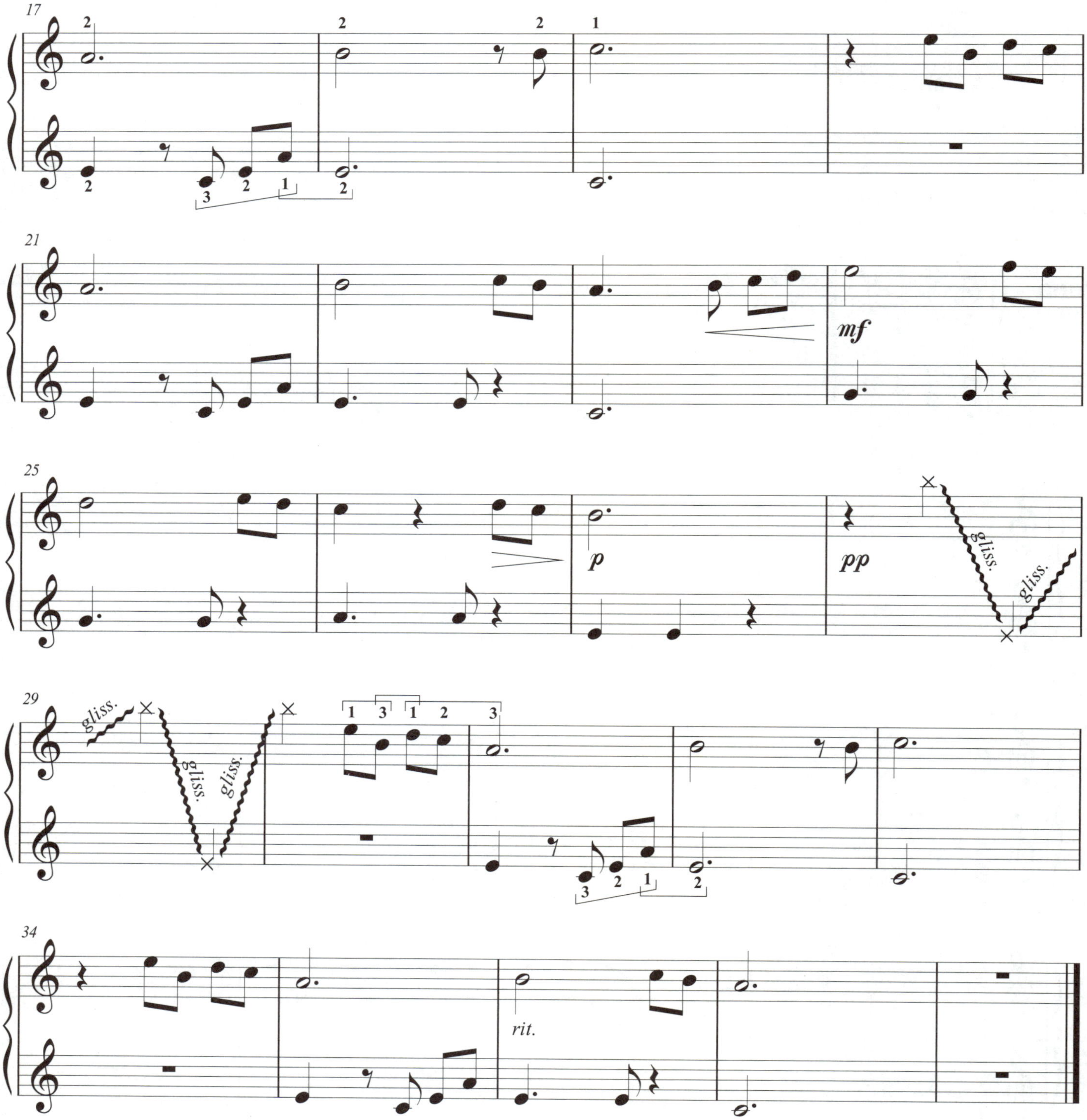

17
21
mf
25
p
pp
gliss.
29
gliss.
34
rit.

비창 2악장

베토벤 작곡
홍선영 편곡

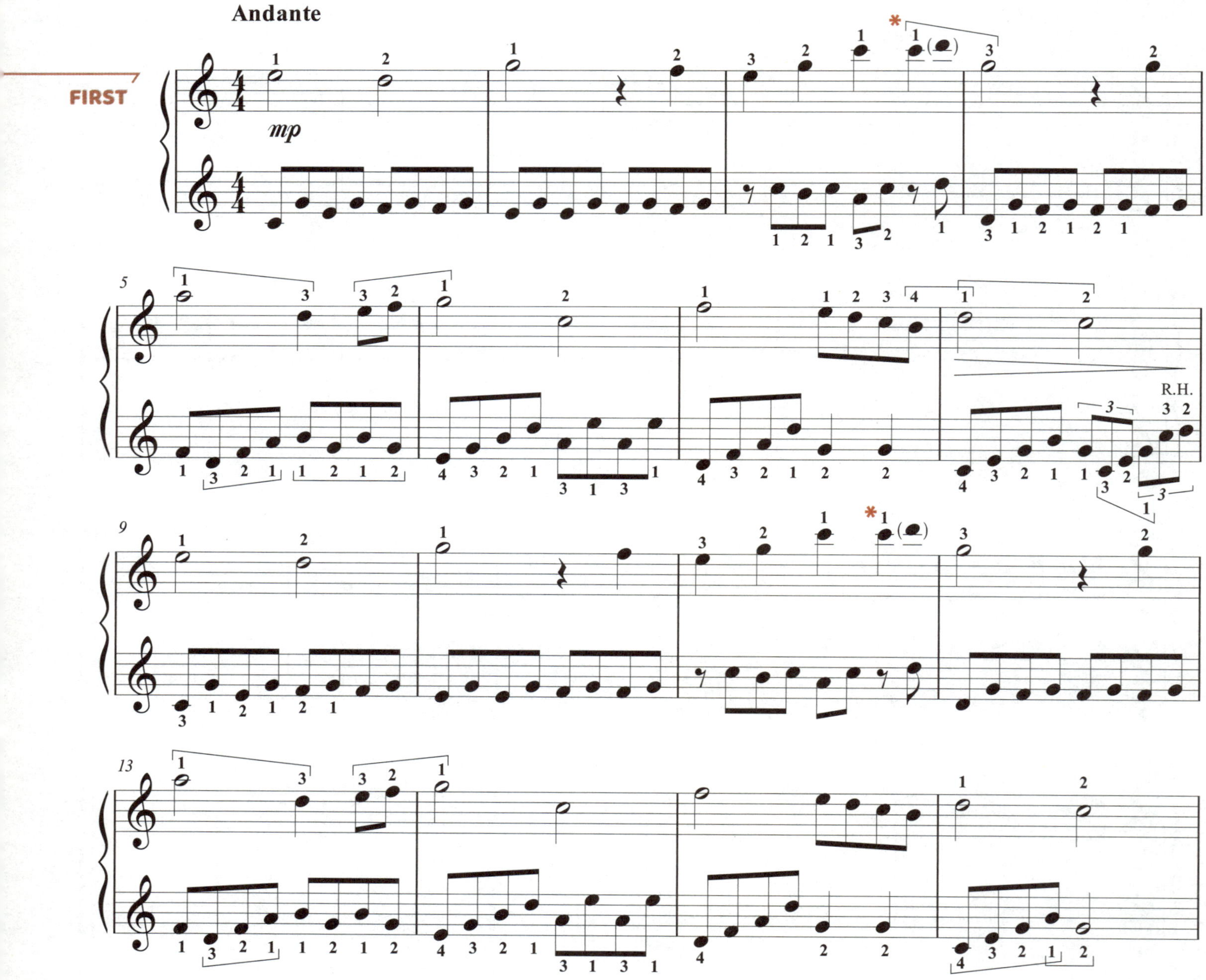

Andante

FIRST

mp

＊ 16현 하프는 '레'로 연주해 주세요(15현은 '도'로 연주해요).

Pathetique 2nd Mov.

비창 2악장

베토벤 작곡
홍선영 편곡

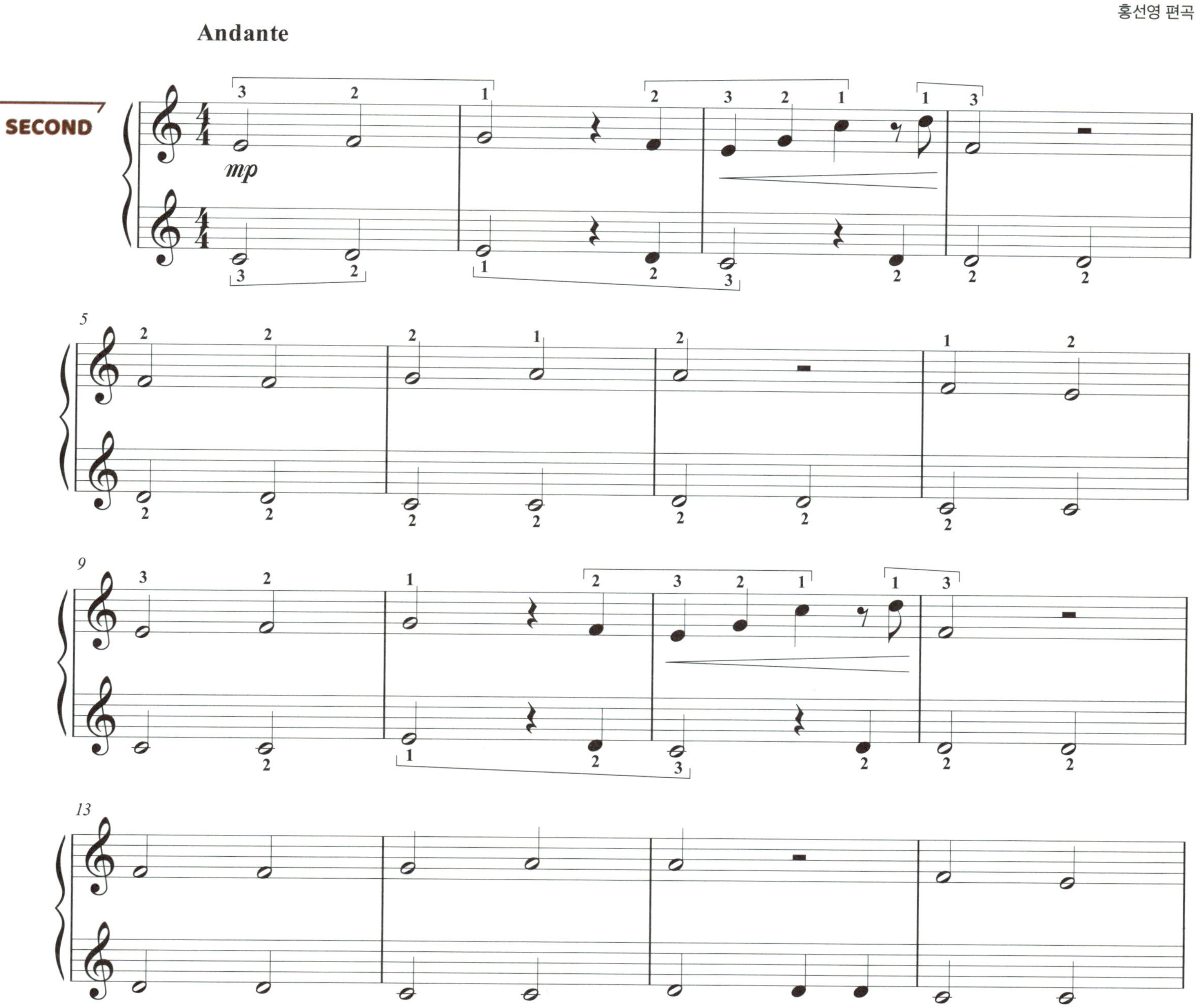

Andante

SECOND

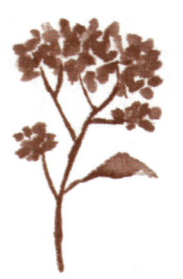

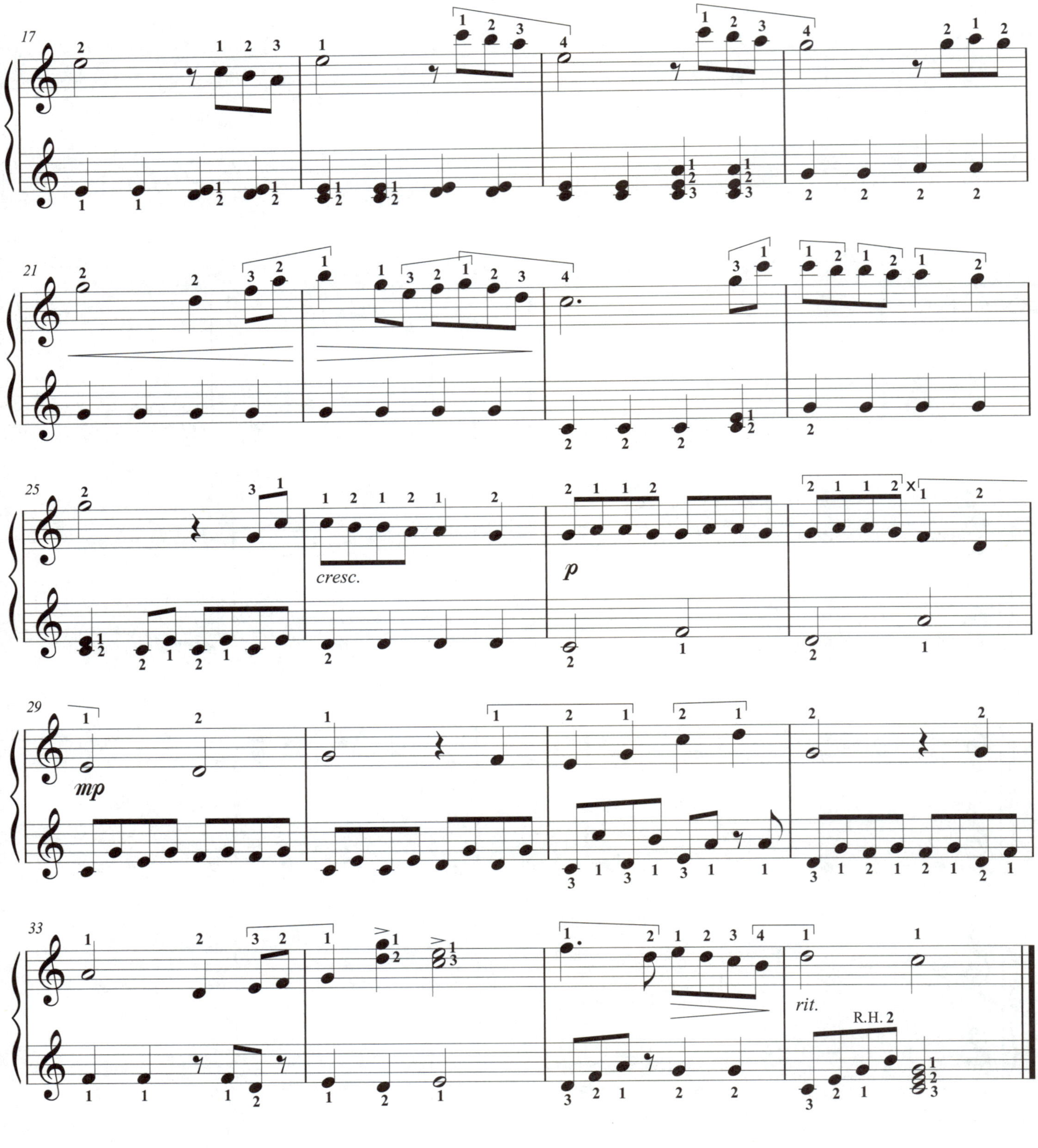
17
21
25
29
33
cresc.
p
mp
rit.
R.H. 2

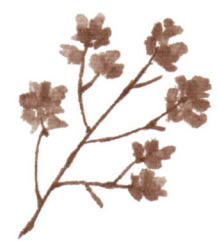

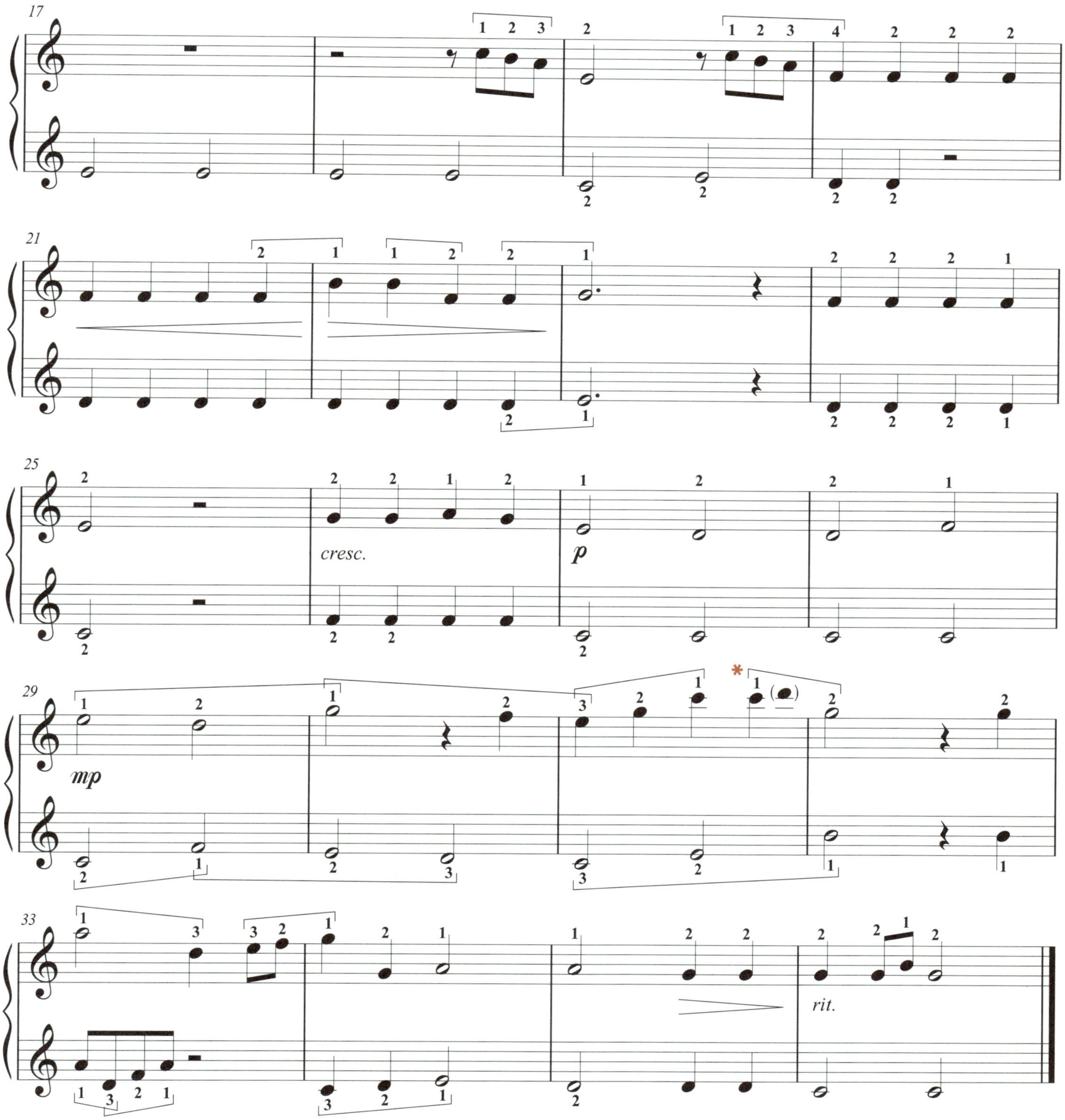

* 16현 하프는 '레'로 연주해 주세요(15현은 '도'로 연주해요).

월광 소나타 1악장

베토벤 작곡
홍선영 편곡

Adagio sostenuto

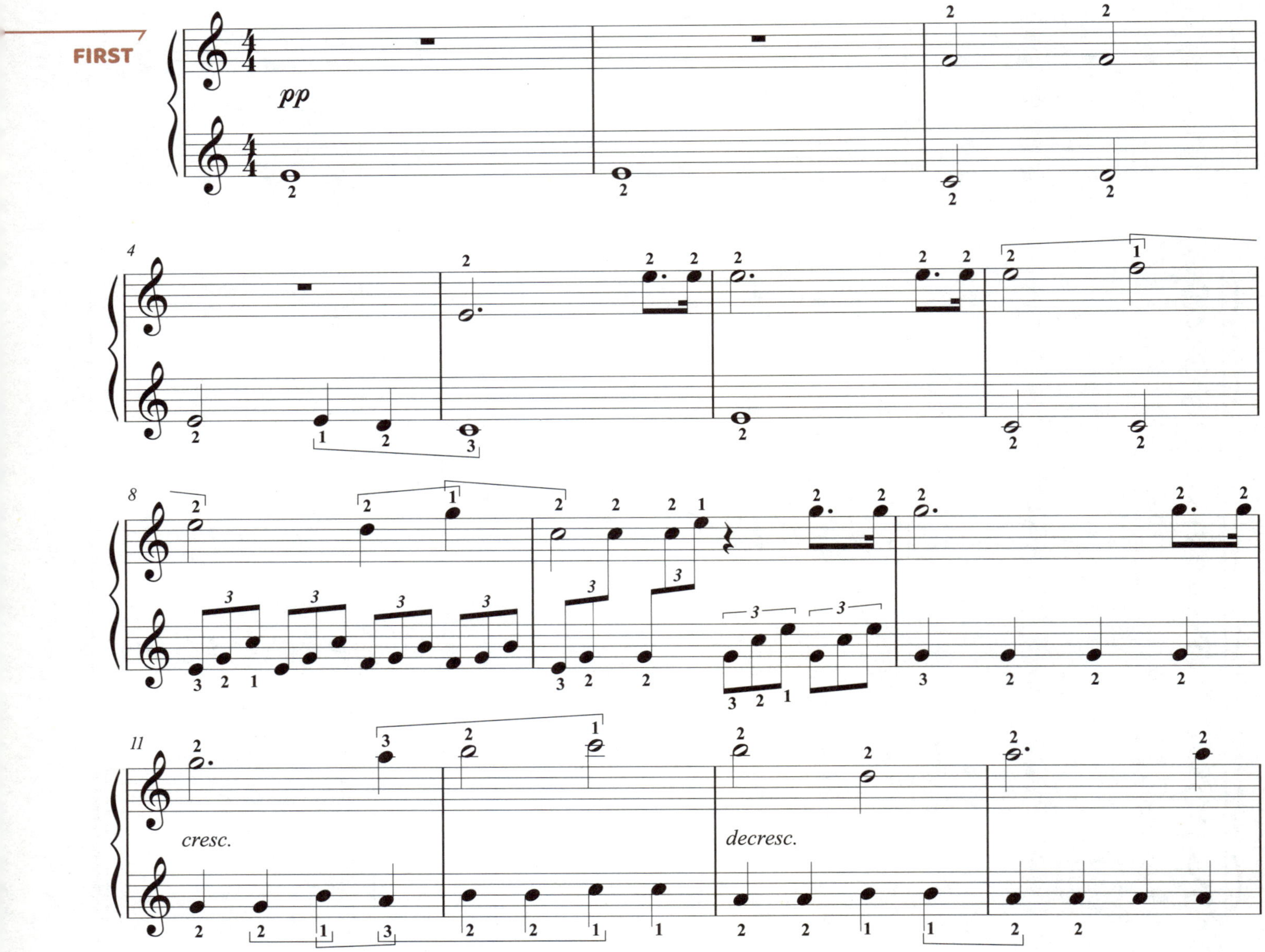

FIRST

월광 소나타 1악장

Adagio sostenuto

베토벤 작곡
홍선영 편곡

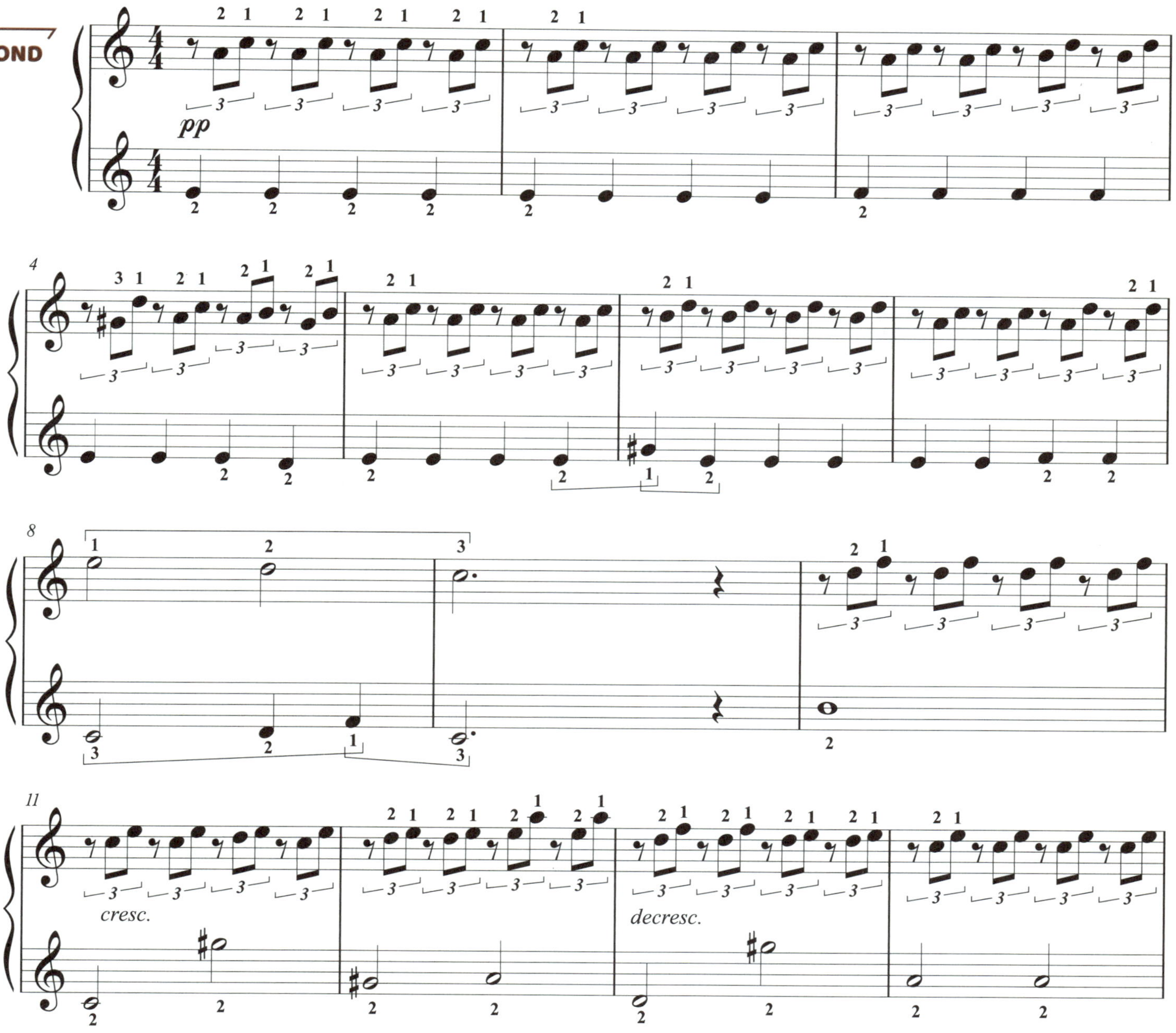

Romantic Music

낭만주의

1820~1900년

감정, 개인주의 그리고 상상력에 초점을 맞춘 음악이 특징이며
쇼팽, 슈베르트, 바그너 등의 음악가가 있습니다.

쇼팽

슈베르트

바그너

Die Forelle

송어

슈베르트 작곡
전민이 편곡

Allegretto

FIRST

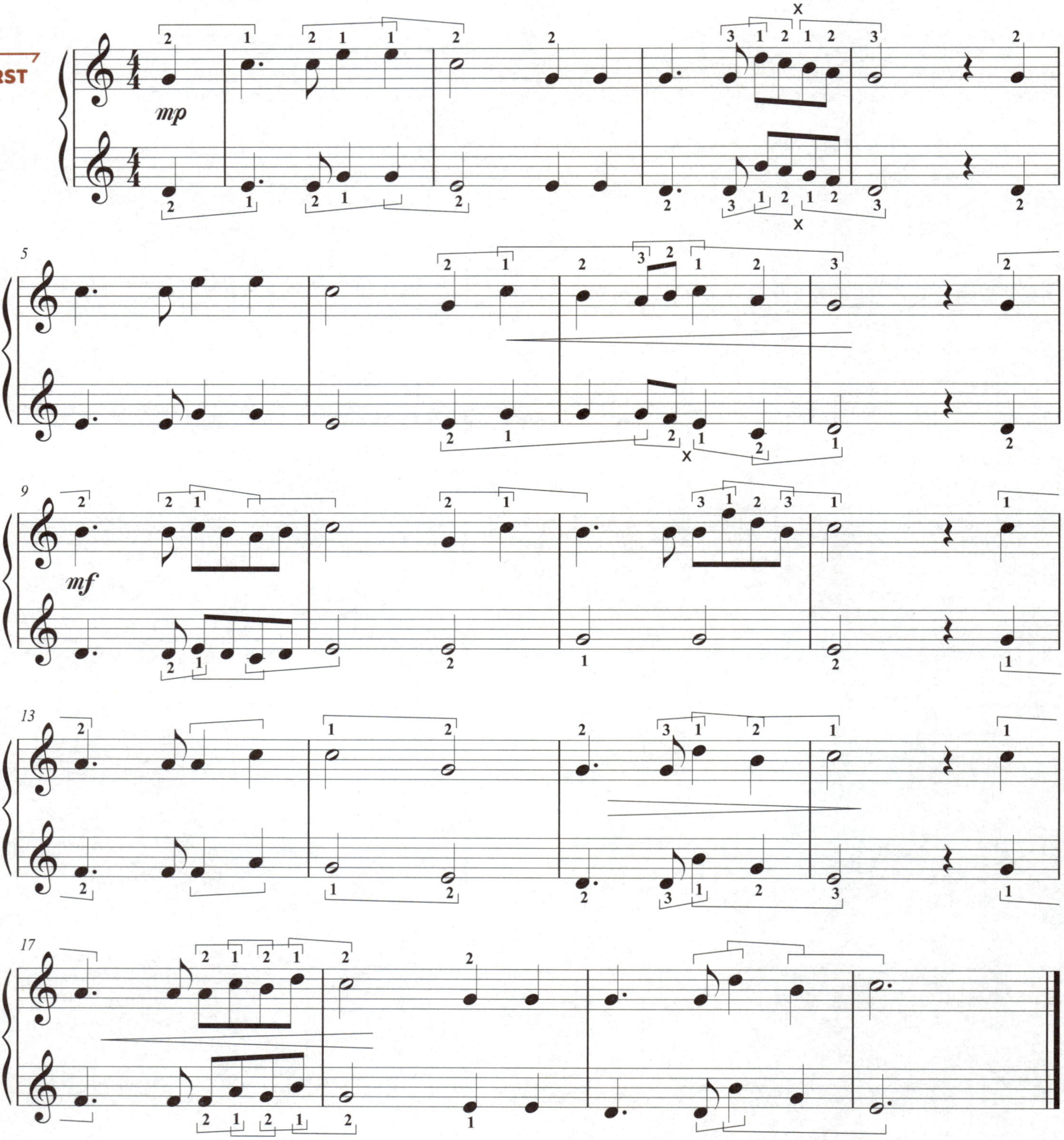

Die Forelle

송어

슈베르트 작곡
전민이 편곡

Allegretto

SECOND

Ave Maria
아베 마리아

슈베르트 작곡
홍선영 편곡

Lento

FIRST

Ave Maria

아베 마리아

슈베르트 작곡
홍선영 편곡

SECOND

Lento

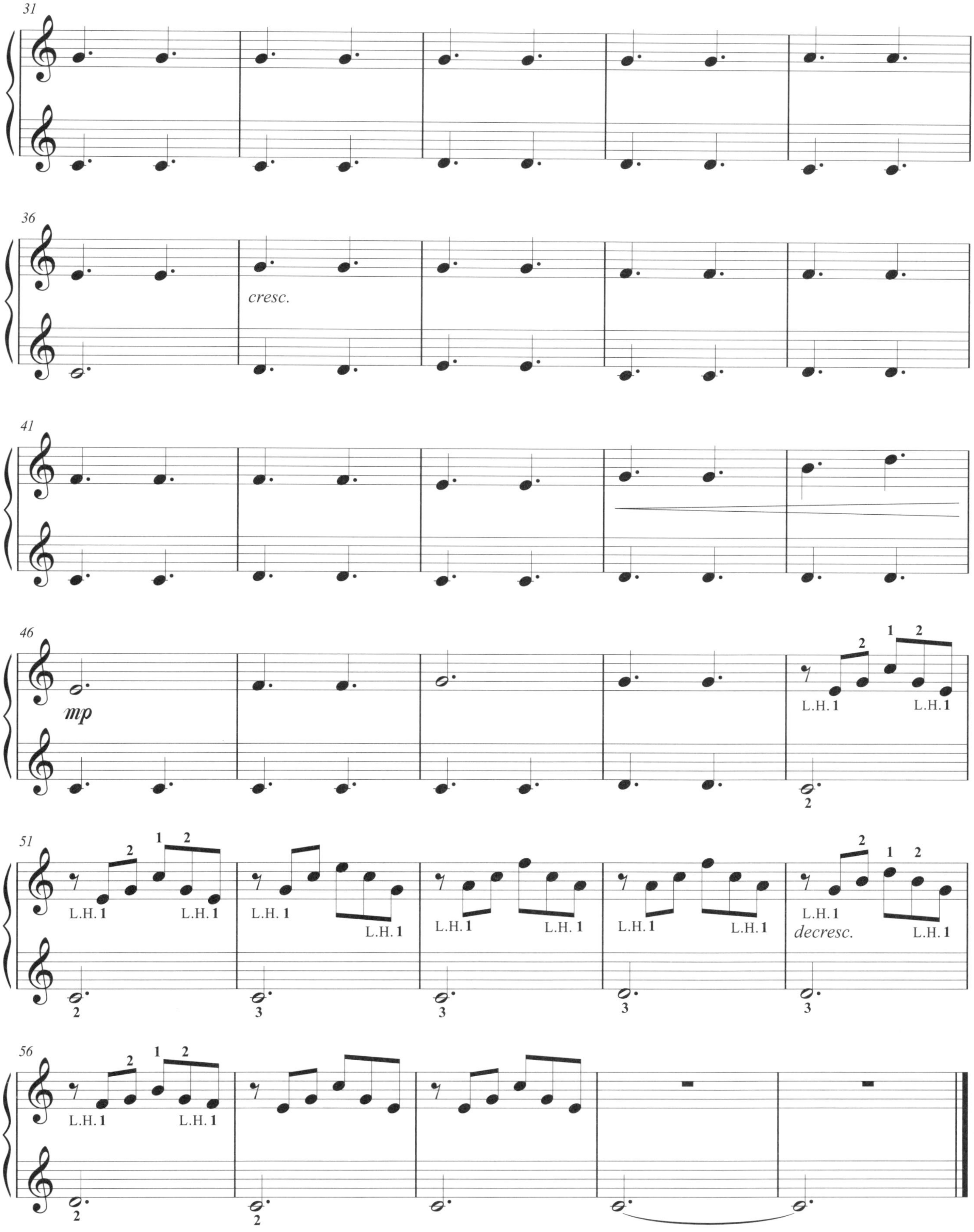

31
36
cresc.
41
46
mp
L.H. 1
51
decresc.
56

아라베스크

모범 연주

부르크뮐러 작곡

전민이 편곡

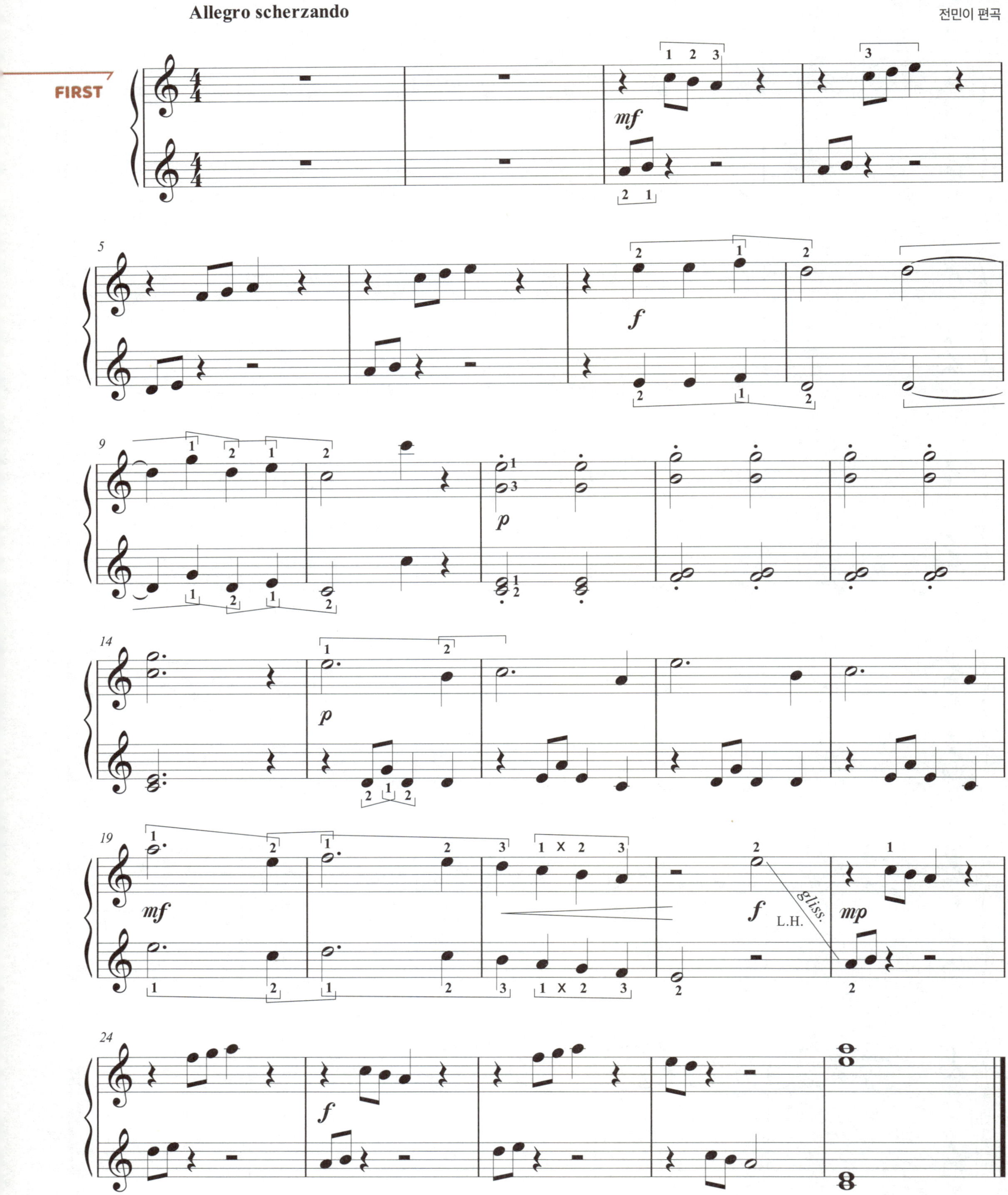

Allegro scherzando

FIRST

Arabesque Op. 100, No. 2

아라베스크

부르크뮐러 작곡
전민이 편곡

Allegro scherzando

SECOND

'Wedding March' from <A Midsummer Night's Dream>

축혼 행진곡

멘델스존 작곡
전민이 편곡

Allegro vivace

FIRST

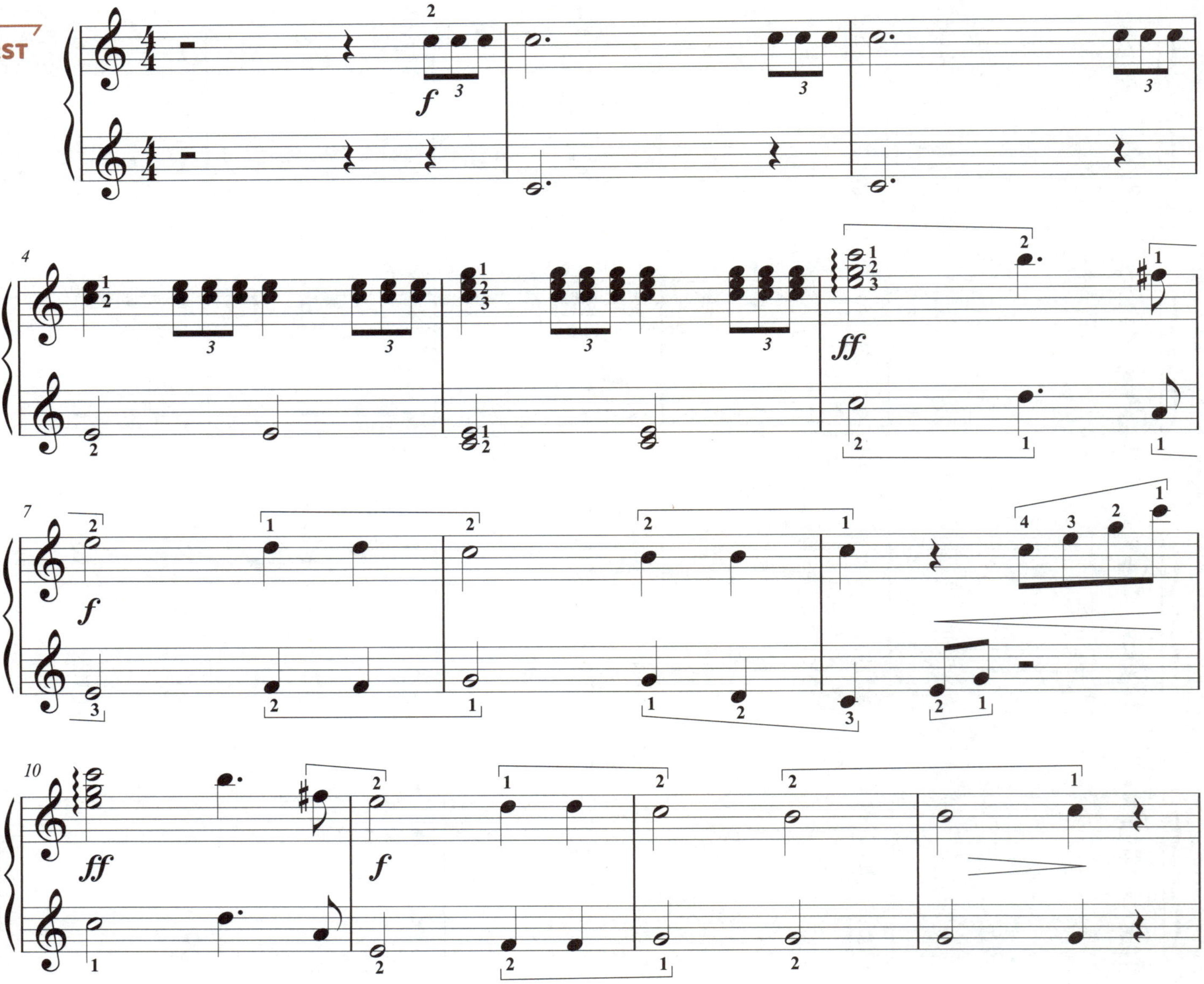

'Wedding March' from <A Midsummer Night's Dream>

축혼 행진곡

Allegro vivace

멘델스존 작곡
전민이 편곡

SECOND

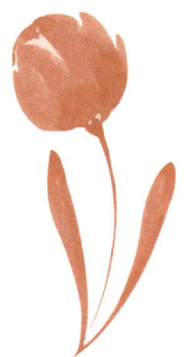

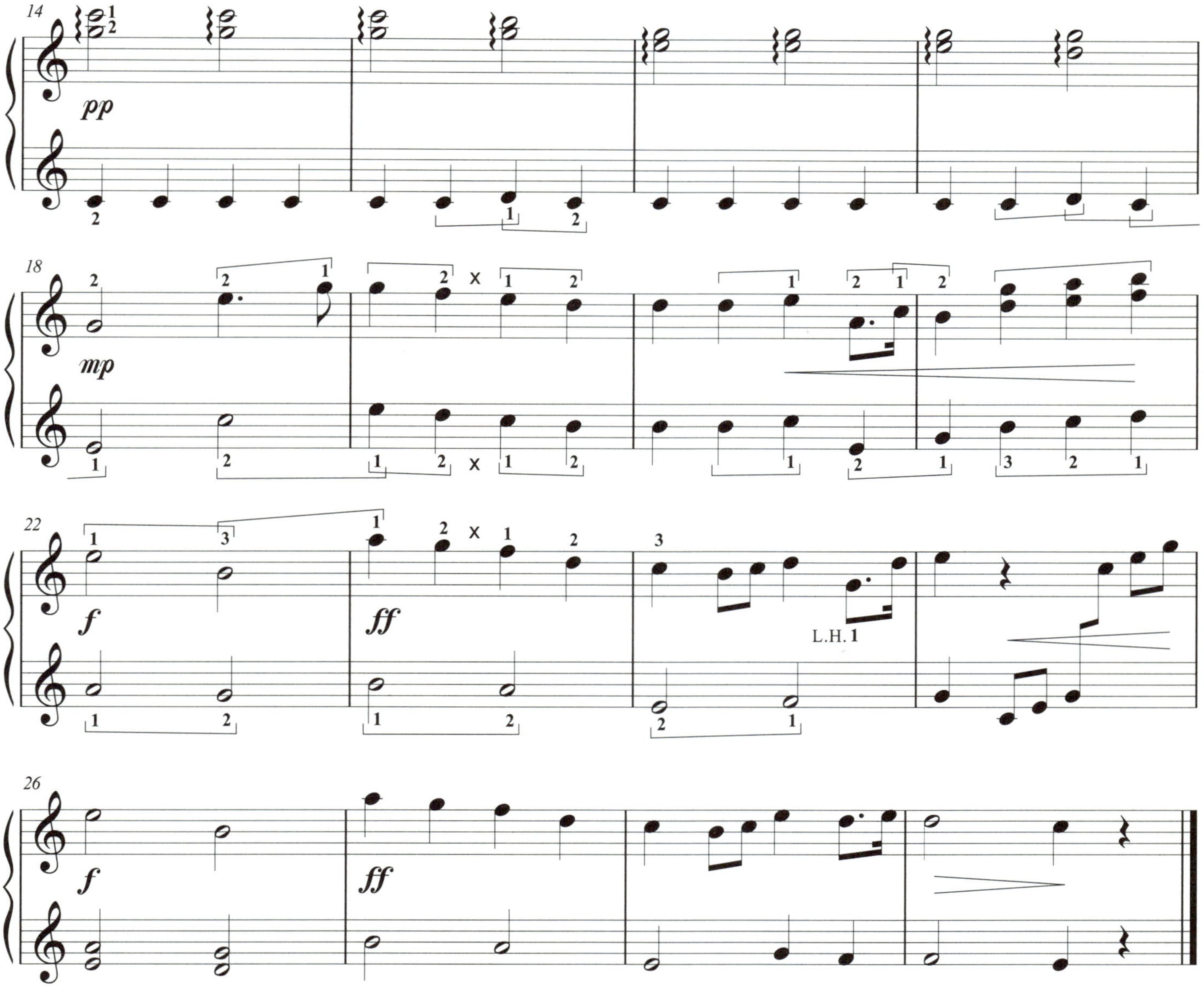
14
pp
18
mp
22
f
ff
L.H. 1
26
f
ff

모범 연주

La Campanelle

라 캄파넬라

Fixed

G3♯ G2♯

파가니니 작곡
전민이 편곡

Allegretto

❋ 1~20마디 구간의 (2)는 모두 2번 손가락으로 연주합니다.

La Campanelle

라 캄파넬라

Allegretto

파가니니 작곡
전민이 편곡

SECOND

✱ 3~22마디 구간의 (2)는 모두 2번 손가락으로 연주합니다.

*24~36마디 구간의 (2)는 모두 2번 손가락으로 연주합니다.

브람스 왈츠

브람스 작곡
홍선영 편곡

Moderato

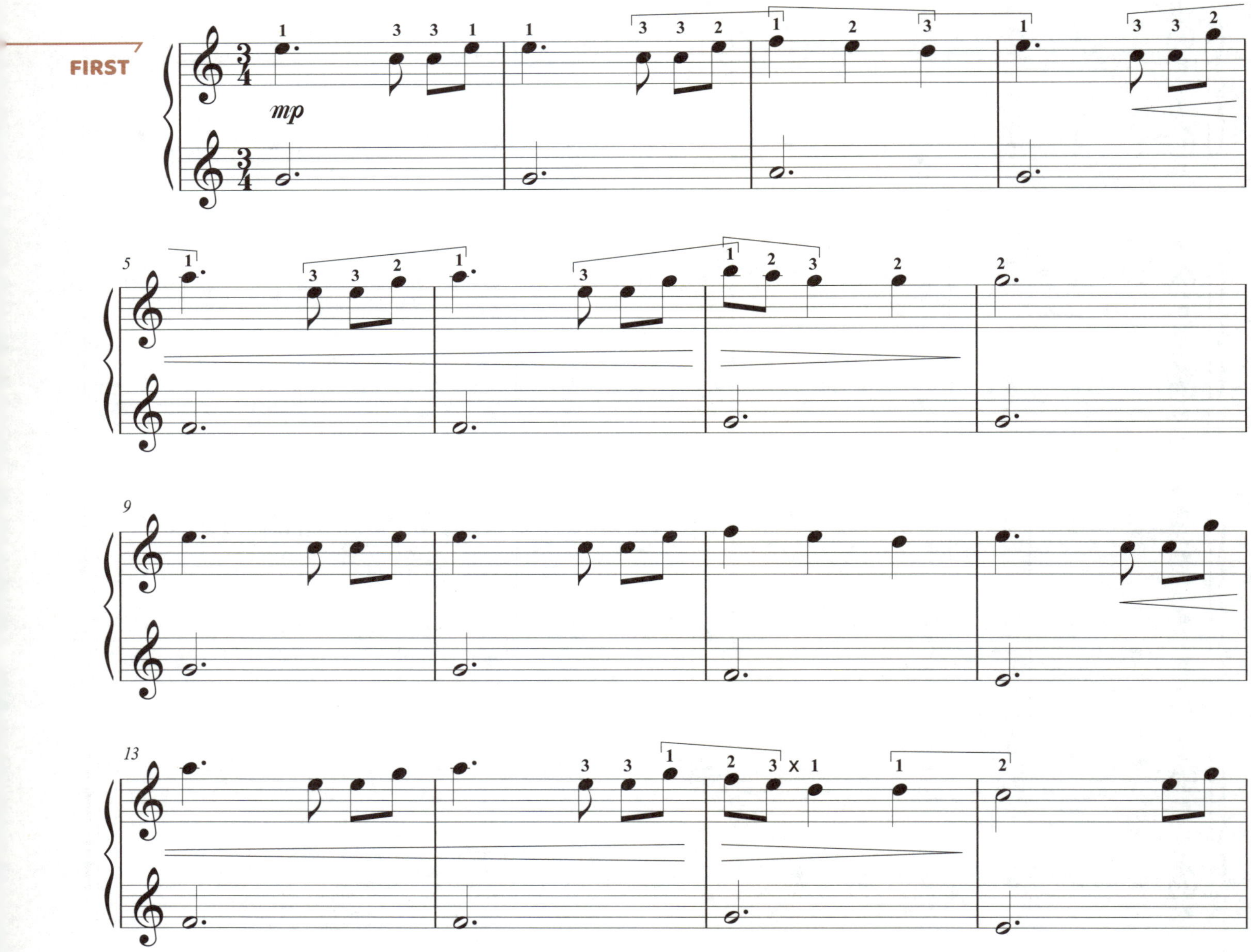

FIRST

브람스 왈츠

브람스 작곡
홍선영 편곡

Moderato

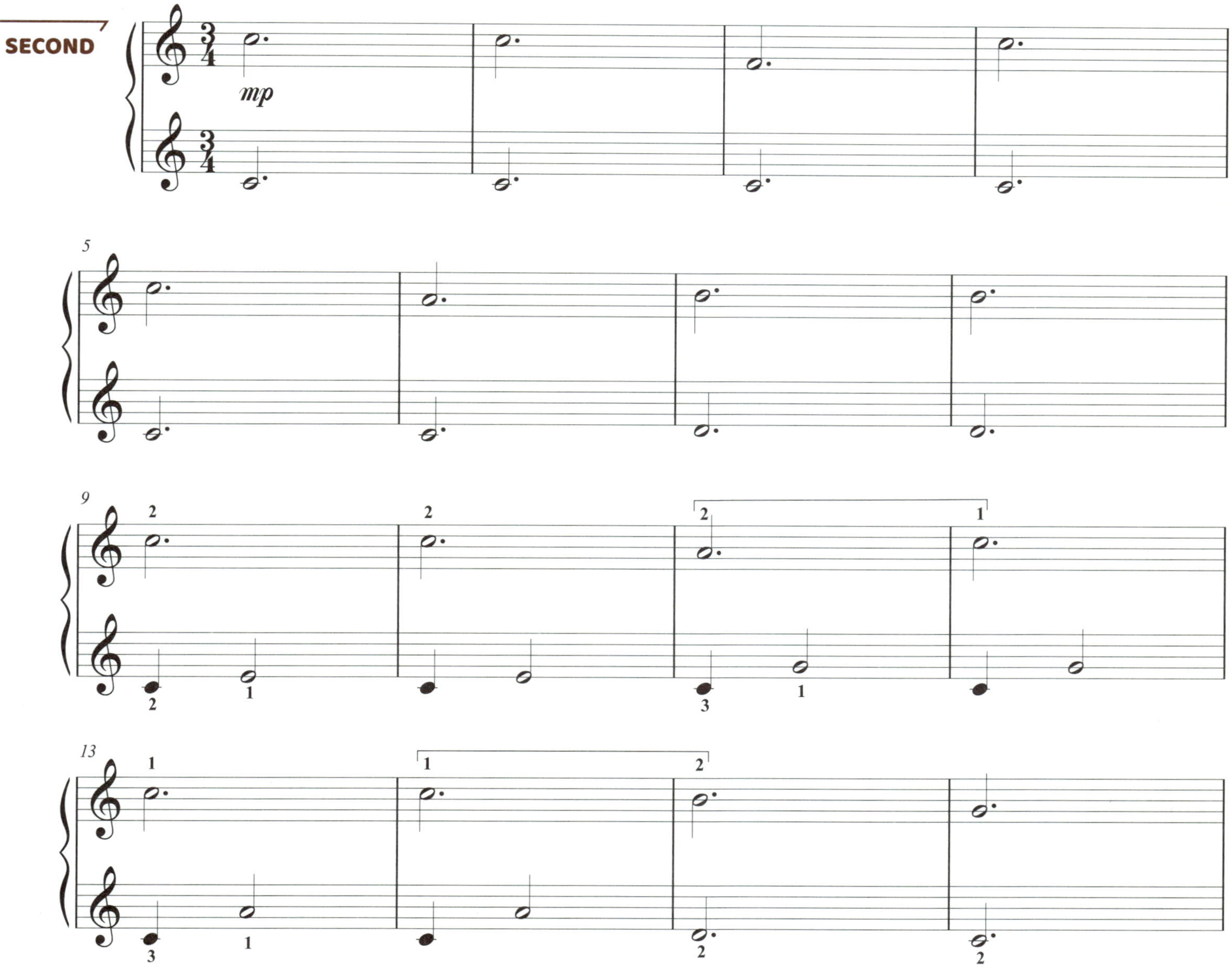

SECOND

모범 연주

'Woman is Fickle' from <Rigoletto>

여자의 마음

베르디 작곡
전민이 편곡

Allegretto

FIRST

'Woman is Fickle' from <Rigoletto>

여자의 마음

베르디 작곡
전민이 편곡

Allegretto

SECOND

Swan Lake

백조의 호수

차이콥스키 작곡
홍선영 편곡

Andante

FIRST

Swan Lake

백조의 호수

차이콥스키 작곡
홍선영 편곡

Andante

SECOND

73

'Bridal Chorus' from <Lohengrin>

결혼 행진곡

바그너 작곡
전민이 편곡

Moderato

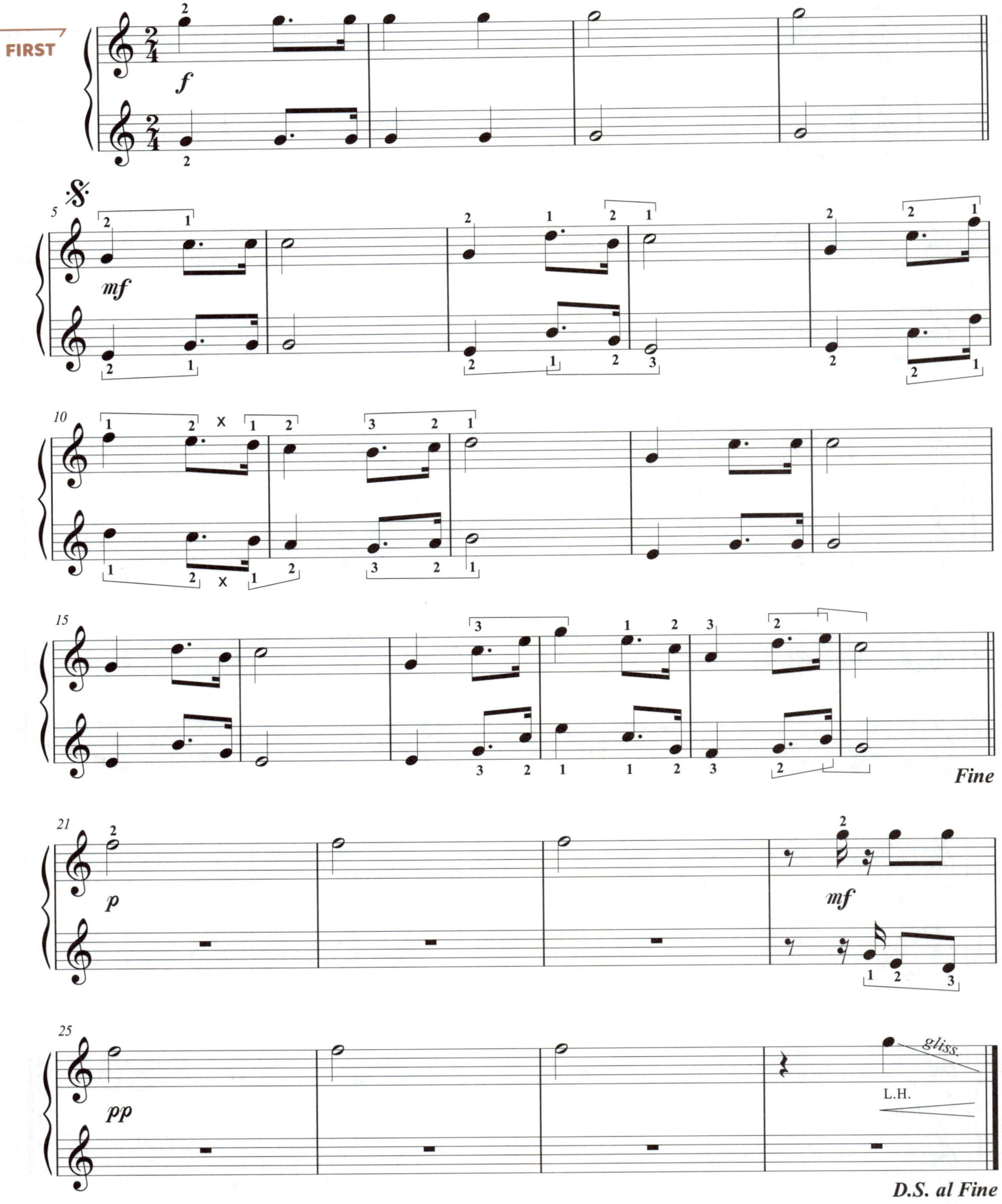

FIRST

Fine

D.S. al Fine

'Bridal Chorus' from <Lohengrin>

결혼 행진곡

바그너 작곡
전민이 편곡

Moderato

SECOND

Fine

D.S. al Fine

<잠자는 숲속의 공주> 중 '왈츠'

차이콥스키 작곡
전민이 편곡

Tempo di Valse

FIRST

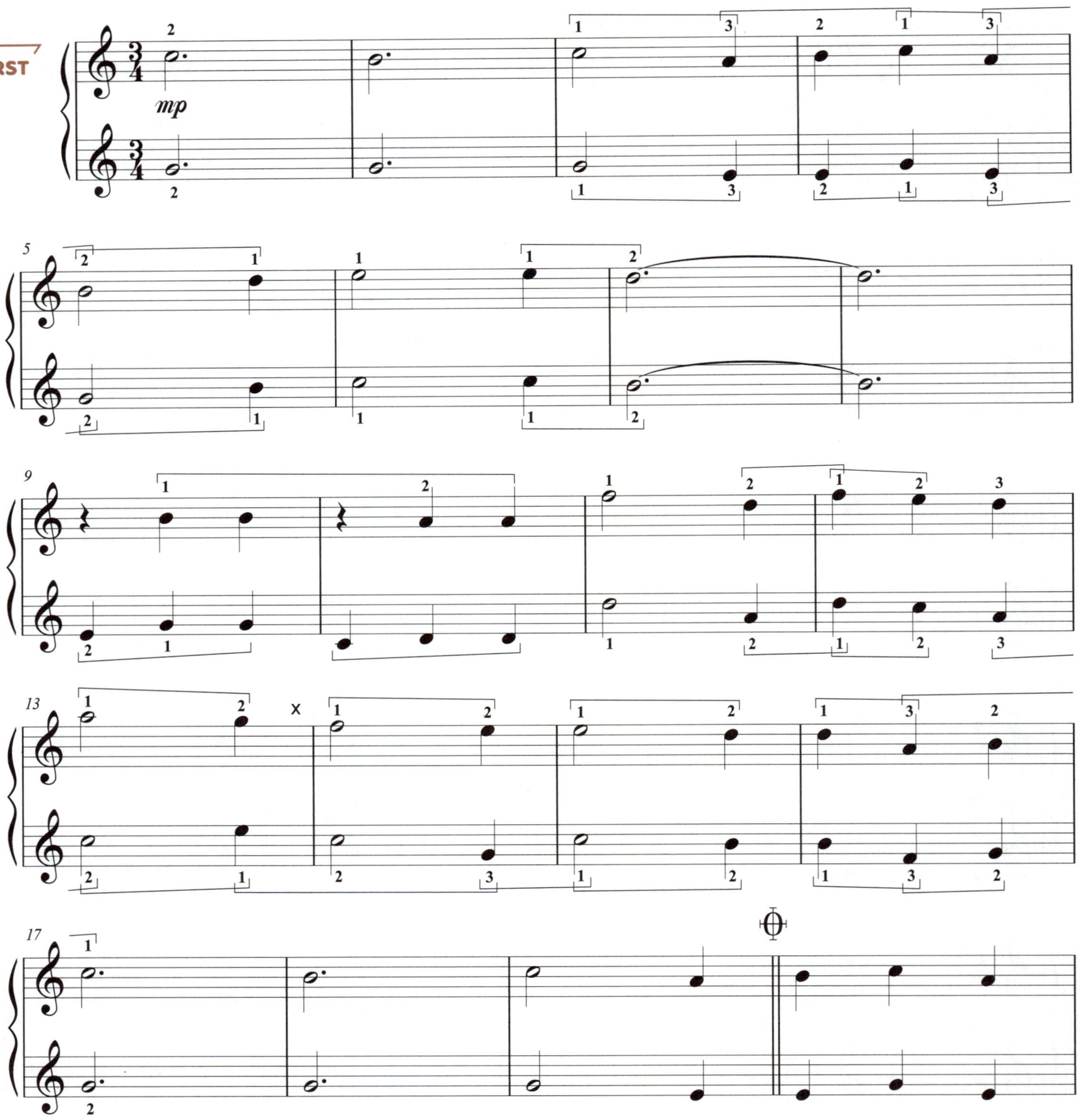

'Waltz' from <The Sleeping Beauty>

<잠자는 숲속의 공주> 중 '왈츠'

차이콥스키 작곡
전민이 편곡

Tempo di Valse

D.C. al Coda

D.C. al Coda

모범 연주

O Mio Babbino Caro

오 사랑하는 나의 아버지

푸치니 작곡
홍선영 편곡

Andantino

FIRST

O Mio Babbino Caro

오 사랑하는 나의 아버지

푸치니 작곡
홍선영 편곡

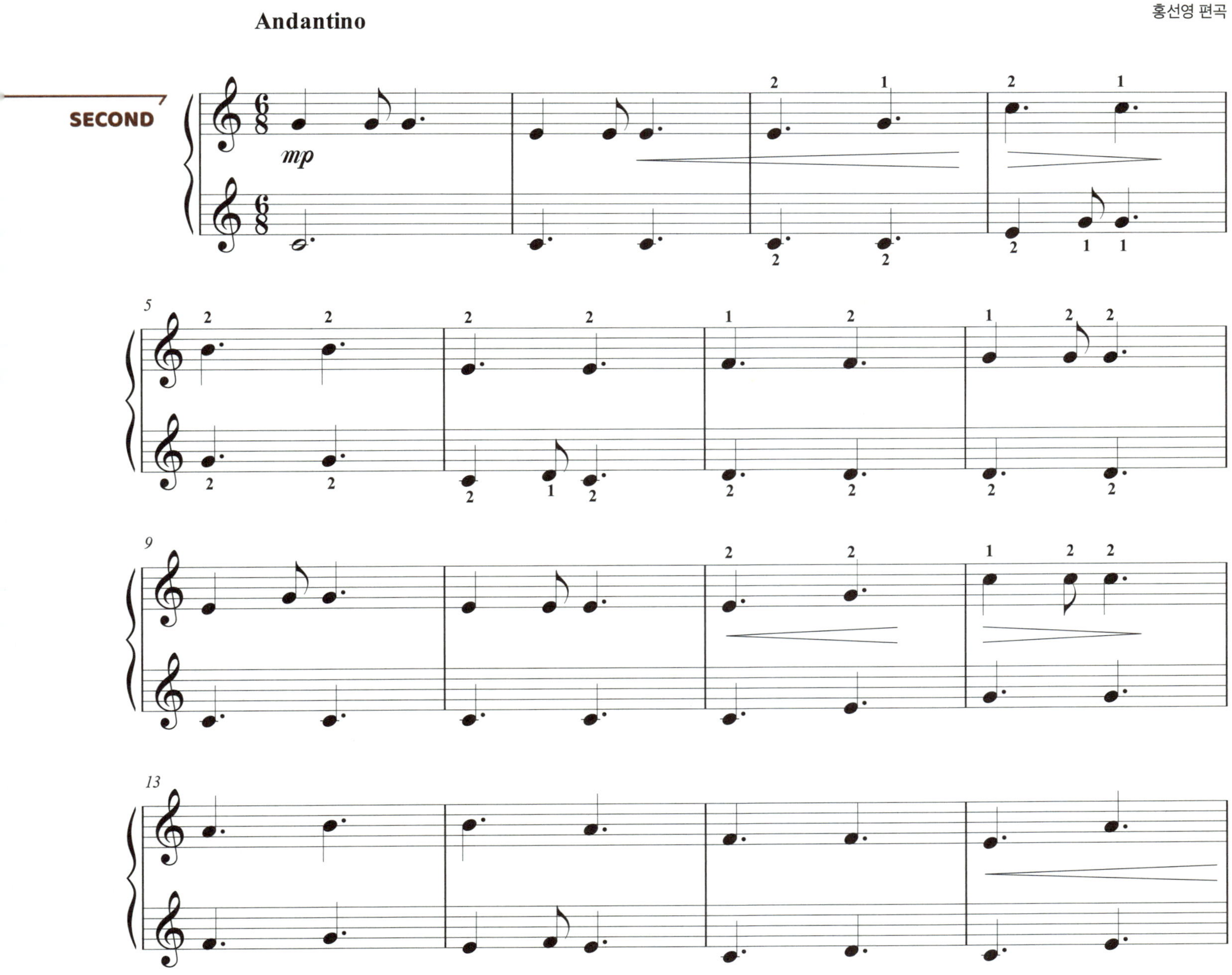

Andantino

SECOND

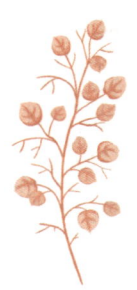

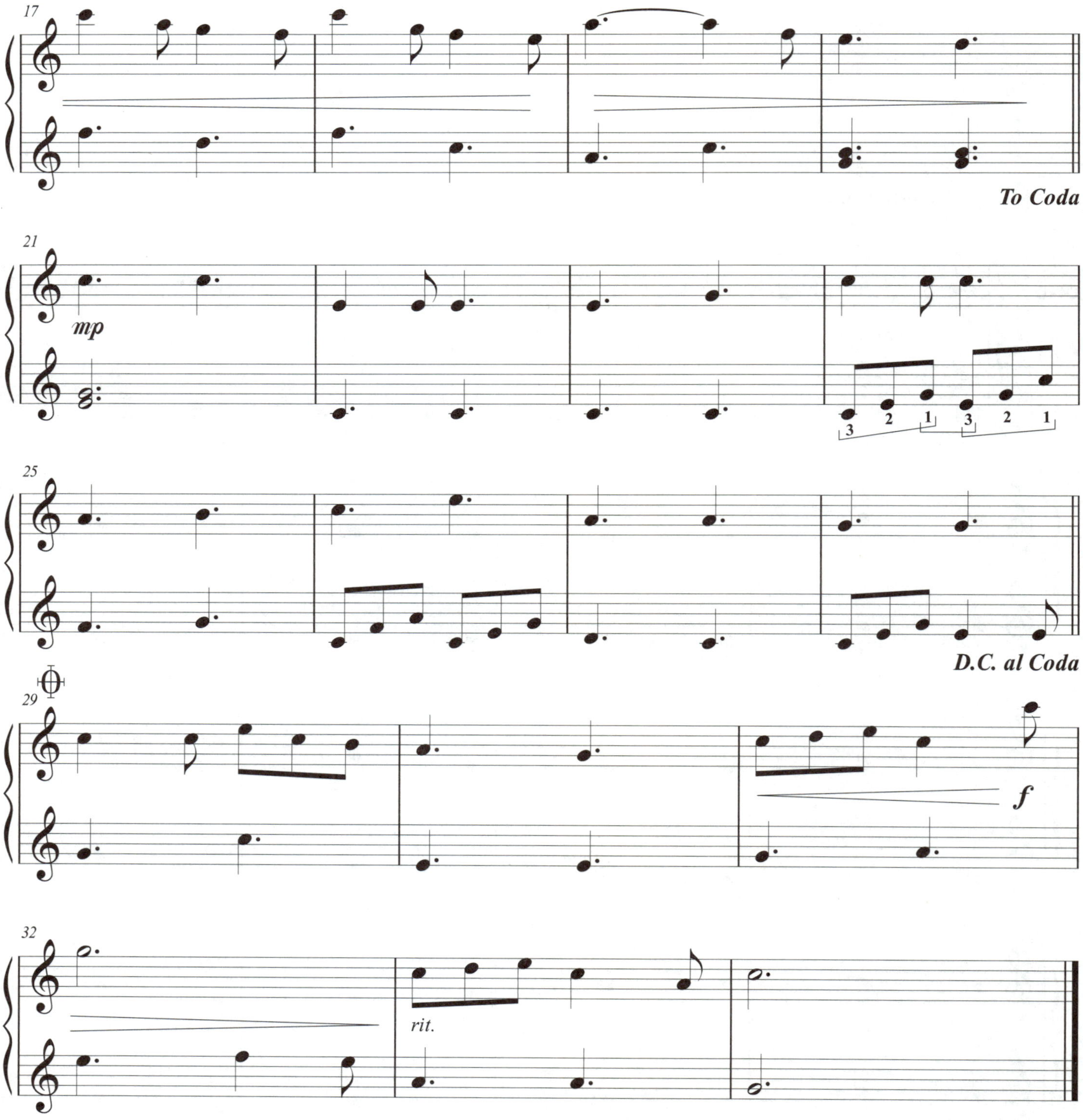
17
To Coda
21
mp
25
D.C. al Coda
29
f
32
rit.

To Coda

D.C. al Coda

rit.

83

Salut d'Amour

사랑의 인사

엘가 작곡
전민이 편곡

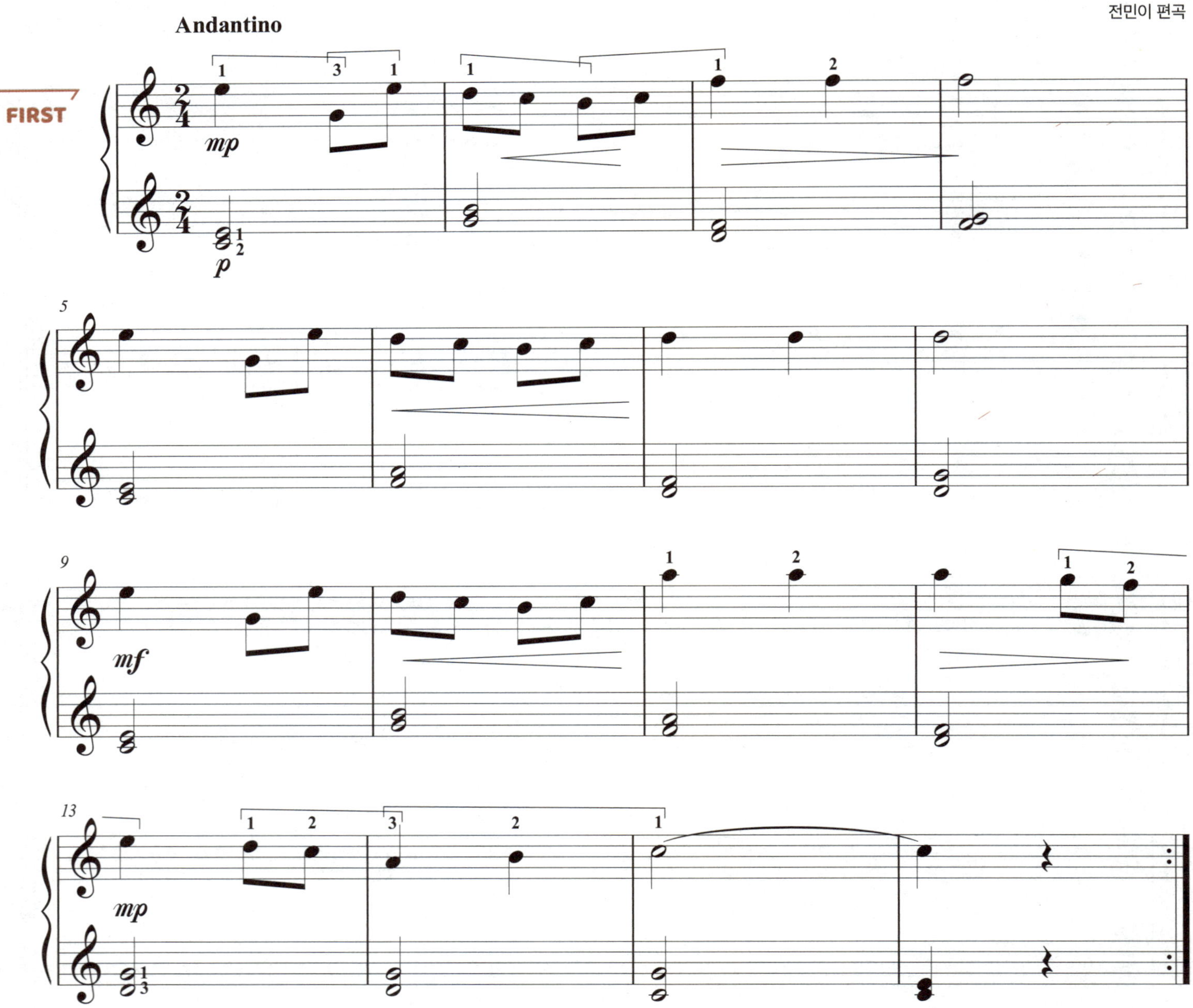

Andantino

FIRST

Salut d'Amour

사랑의 인사

엘가 작곡
전민이 편곡

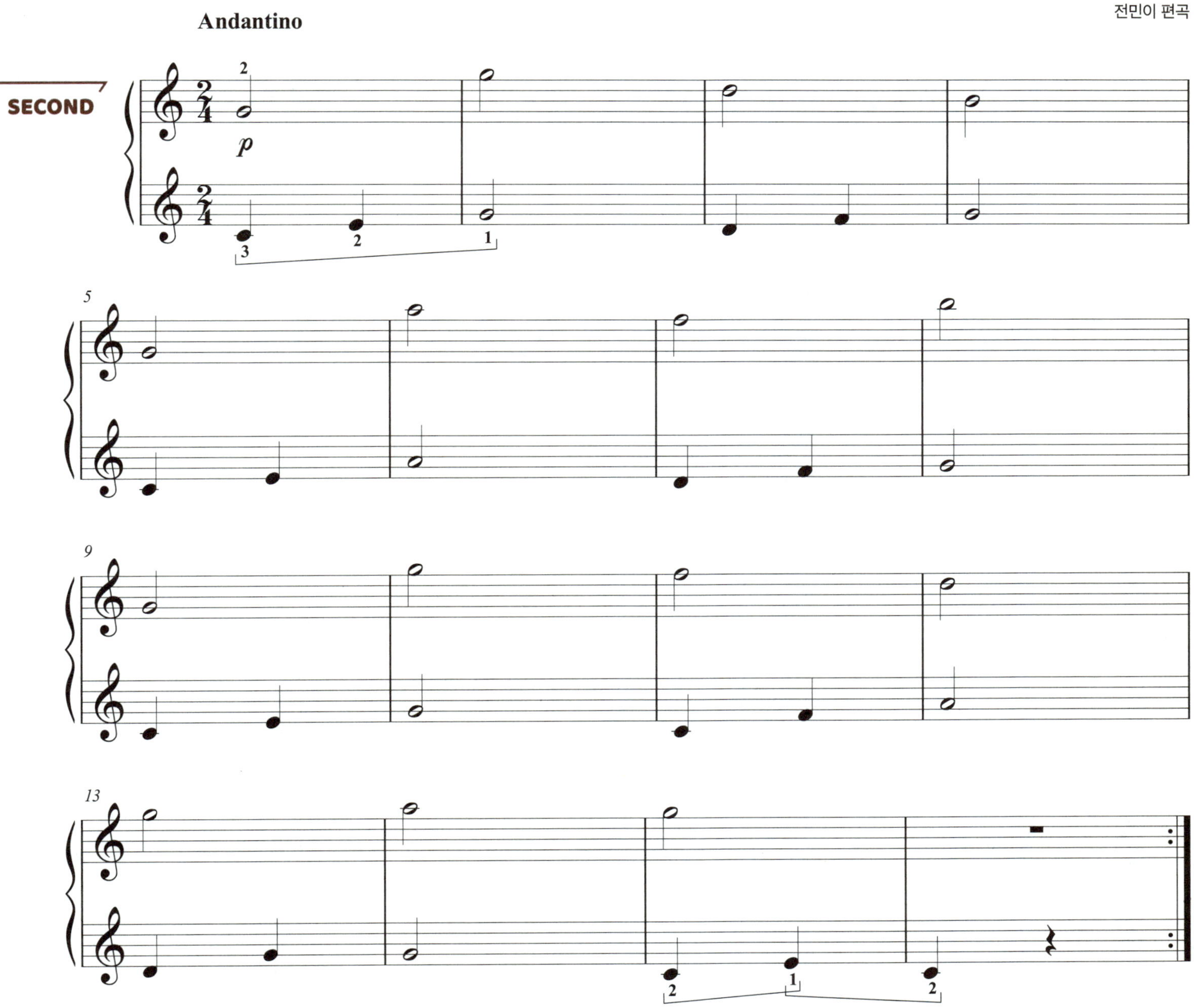

Andantino

SECOND

'Morning Mood' from <Peer Gynt Suite>

아침

Fixed

C3#   F2#   G2#
C4#   F3#   G3#   C2#

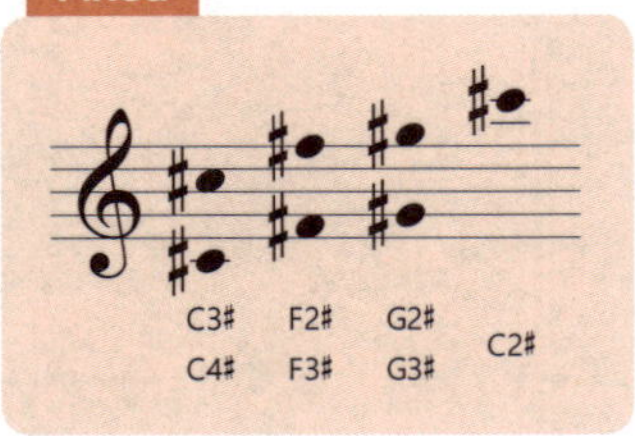

그리그 작곡
홍선영 편곡

Allegretto

FIRST

아침

C3#	D3#	E3#	F2#	G2#
C4#	D4#	E4#	F3#	G3#

그리그 작곡
홍선영 편곡

Allegretto

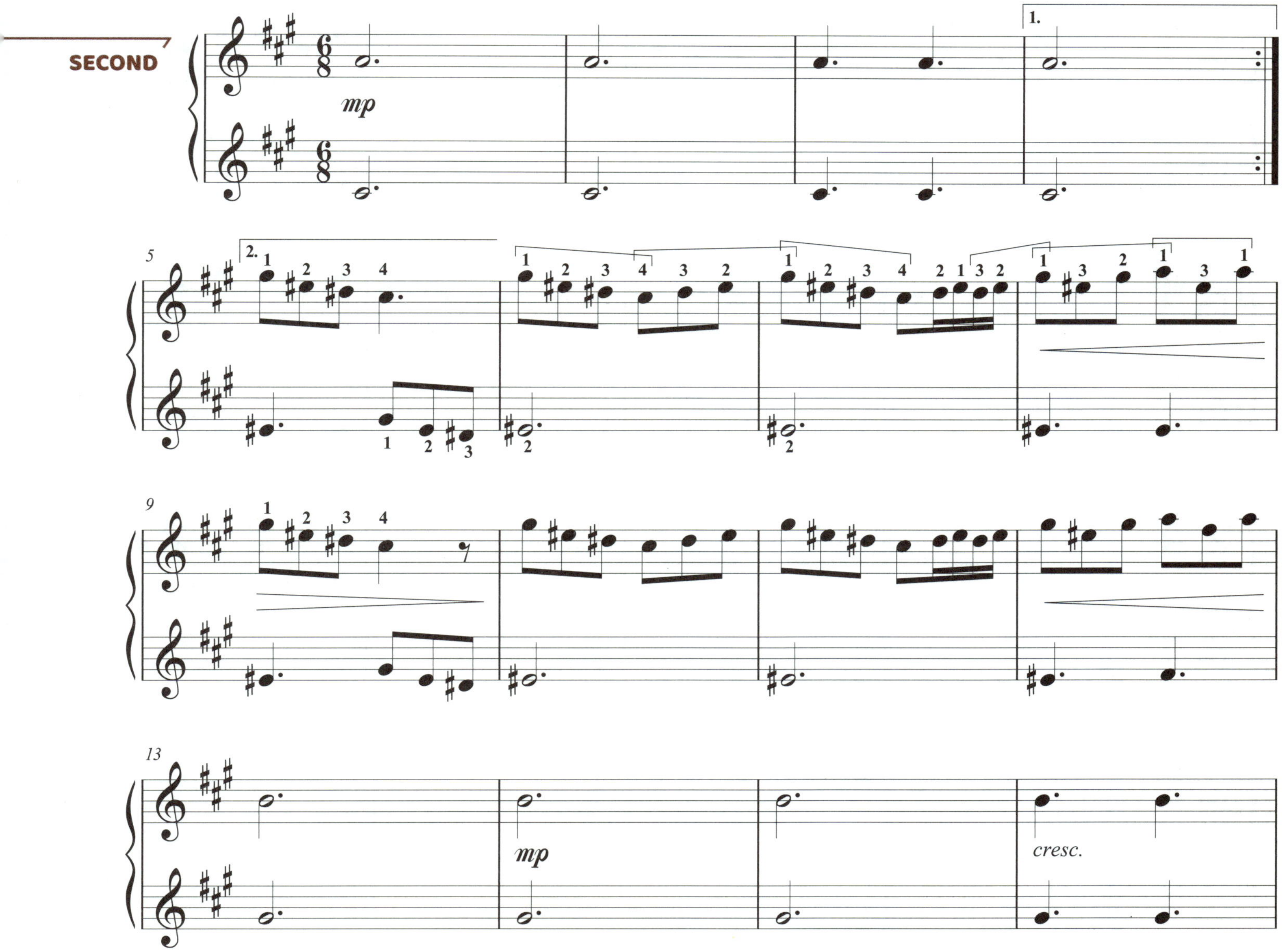

Modern Music

근현대

1910~현재

무조음악(기능화성에 따르지 않는 조성이 없는 음악)과 고정관념을
뛰어넘는 혁명적이고 다양한 음악을 시도하는 것이 특징이며
드뷔시, 포레, 에릭사티 등의 음악가가 있습니다.

드뷔시   포레   에릭사티

파반느

Pavane

포레 작곡
홍선영 편곡

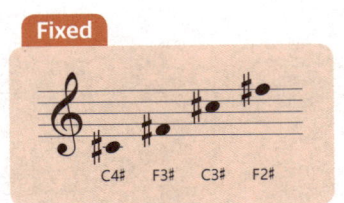
Fixed
C4# F3# C3# F2#

Andante

FIRST

mp

p

mp

mf

mp

92

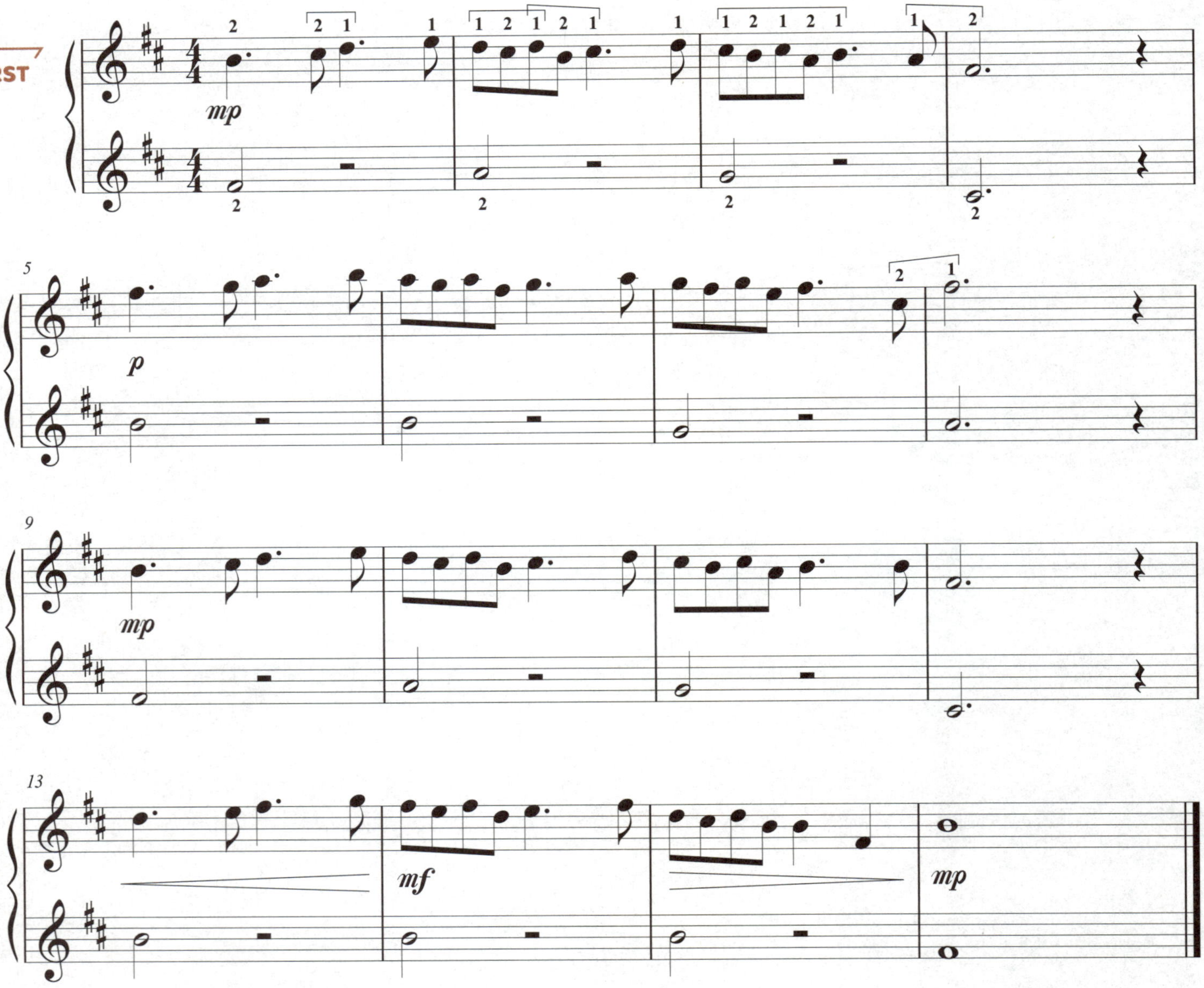

Pavane

파반느

Fixed — C4# F3# C3#

포레 작곡
홍선영 편곡

Andante

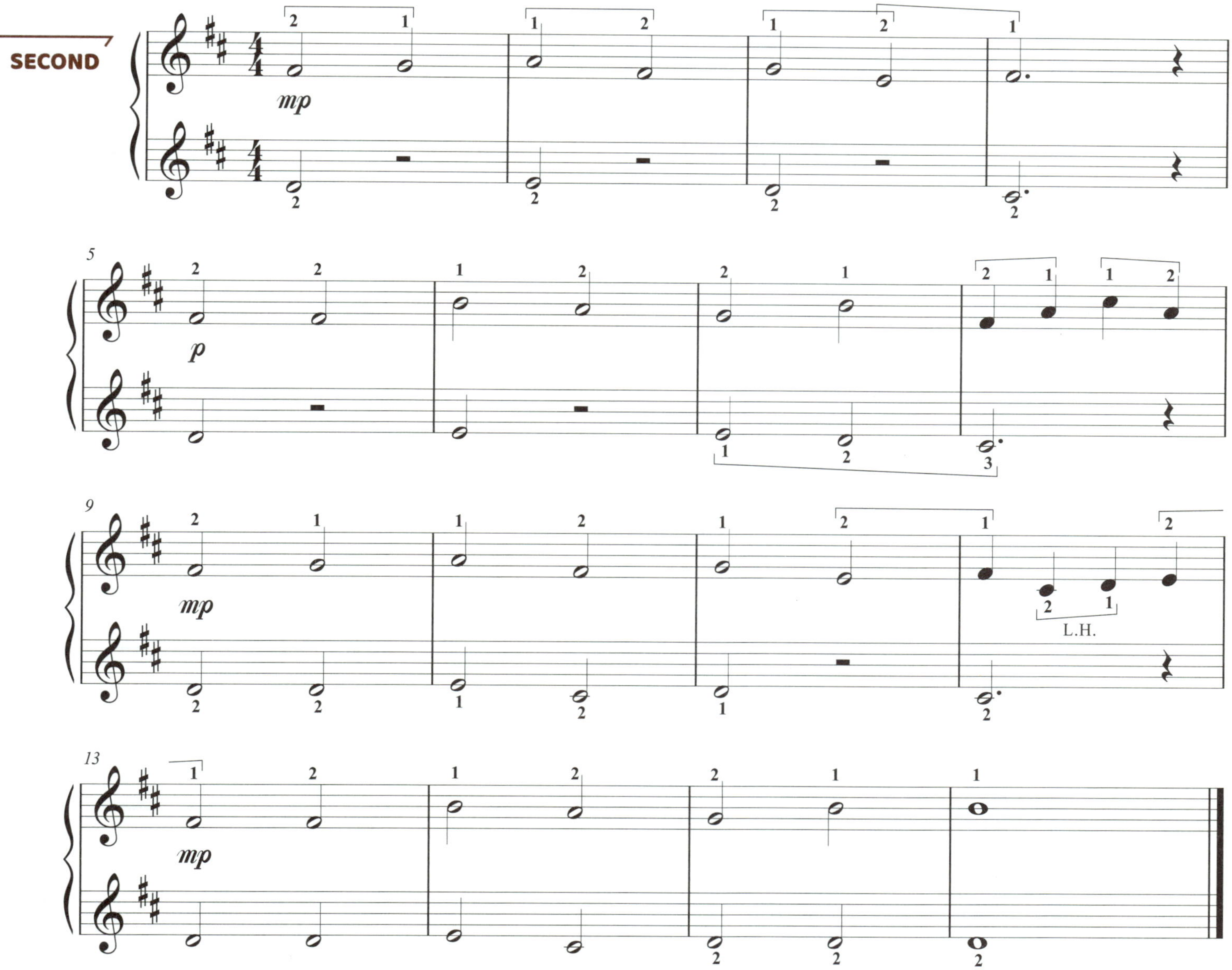

SECOND

Arabesque No. 1

아라베스크 1번

포레 작곡
전민이 편곡

Fixed

C3# D3# F2# G2#
C4# D4# F3# G3#

Andantino

FIRST

Arabesque No. 1

아라베스크 1번

Andantino

포레 작곡
전민이 편곡

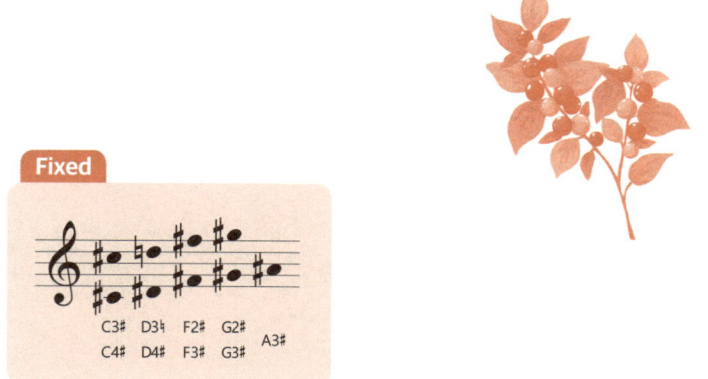

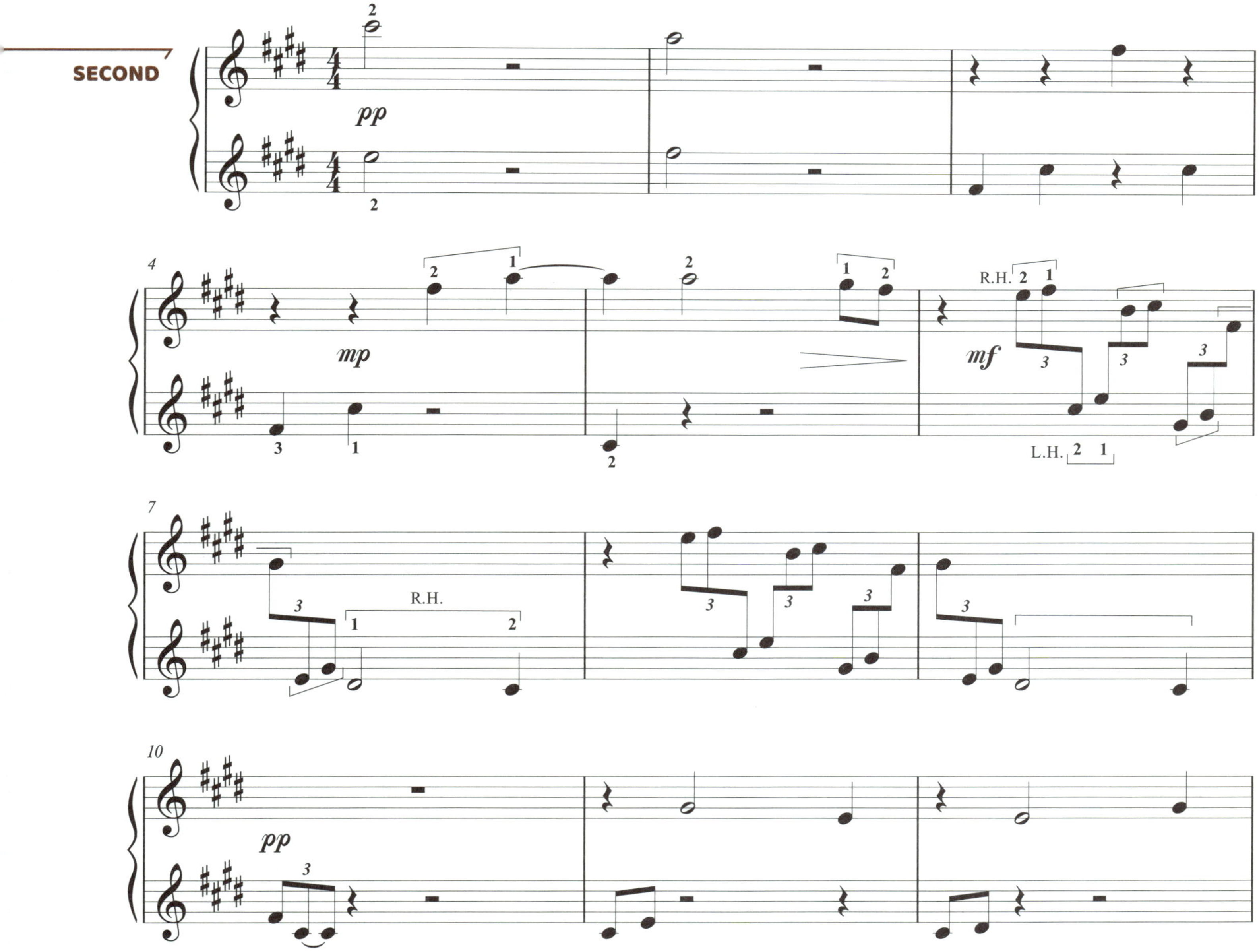

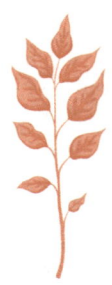

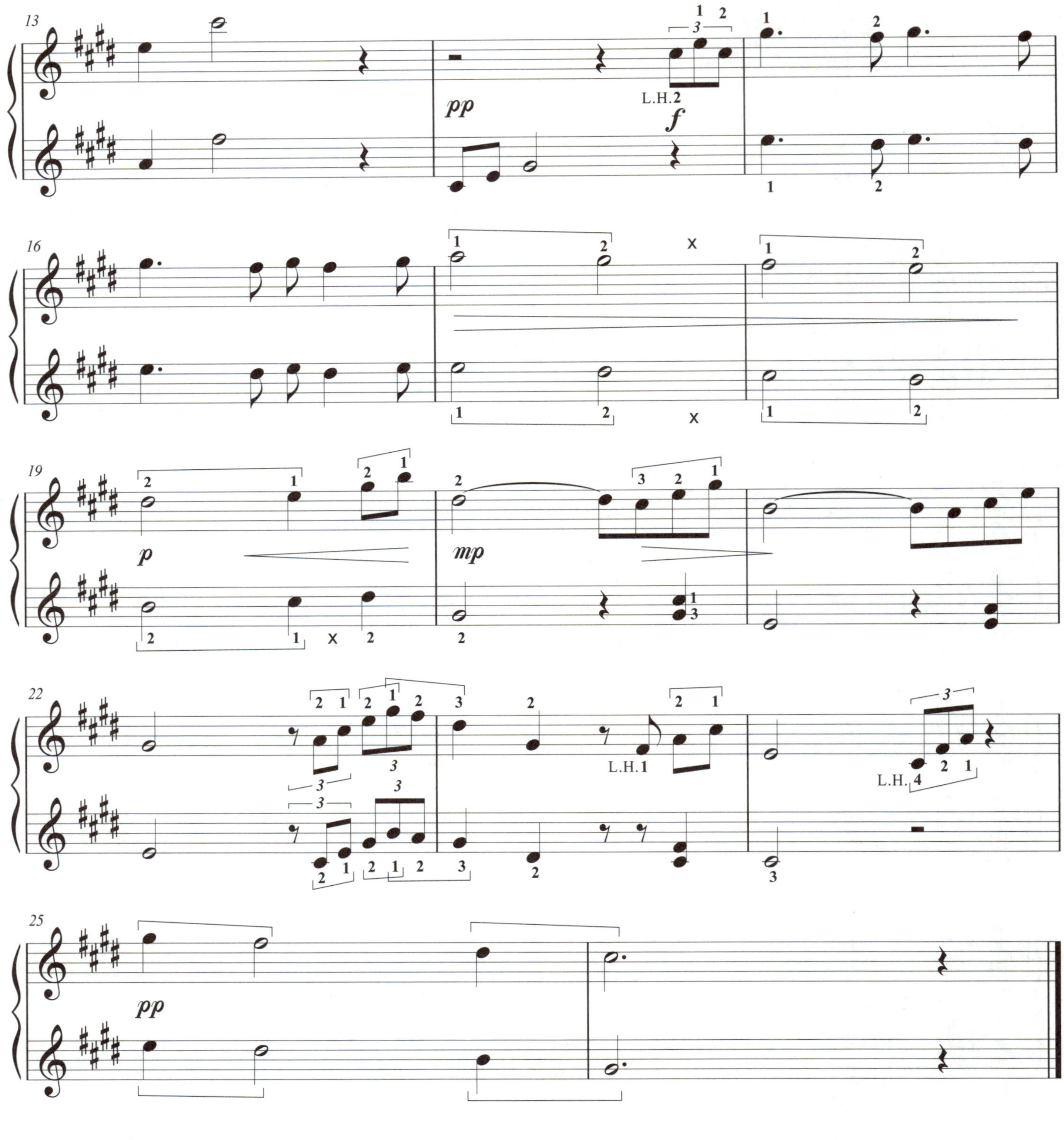
13
pp
L.H.2
f
16
19
p
mp
22
L.H.1
L.H.4
25
pp

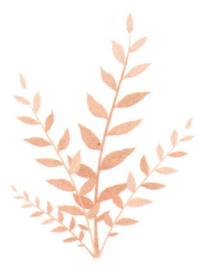

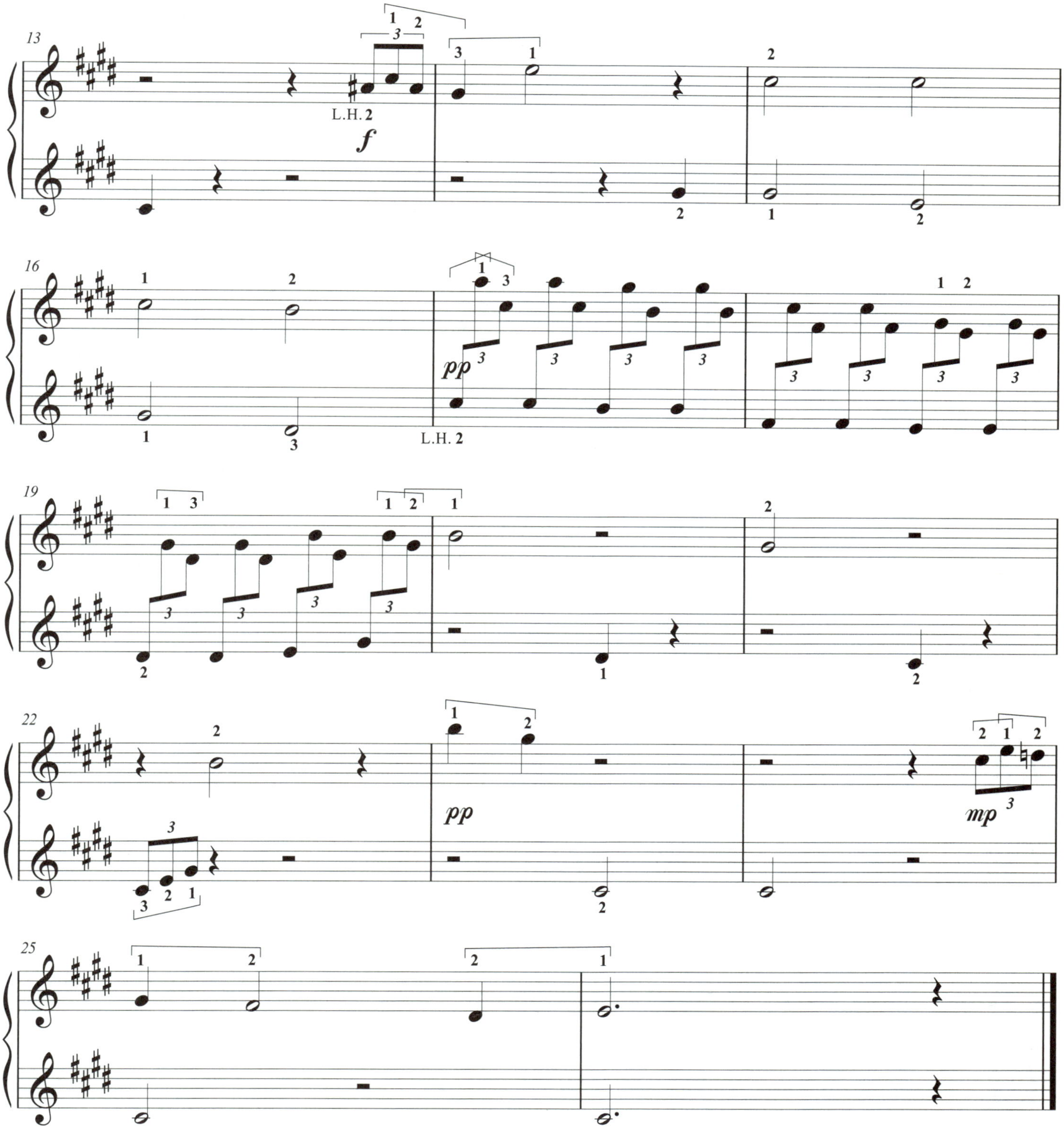
13
L.H. 2
f
16
pp
L.H. 2
19
22
pp
mp
25

짐노페디 1번

에릭사티 작곡
홍선영 편곡

Moderato

FIRST

mp

Gymnopédie No.1

짐노페디 1번

에릭사티 작곡
홍선영 편곡

Moderato

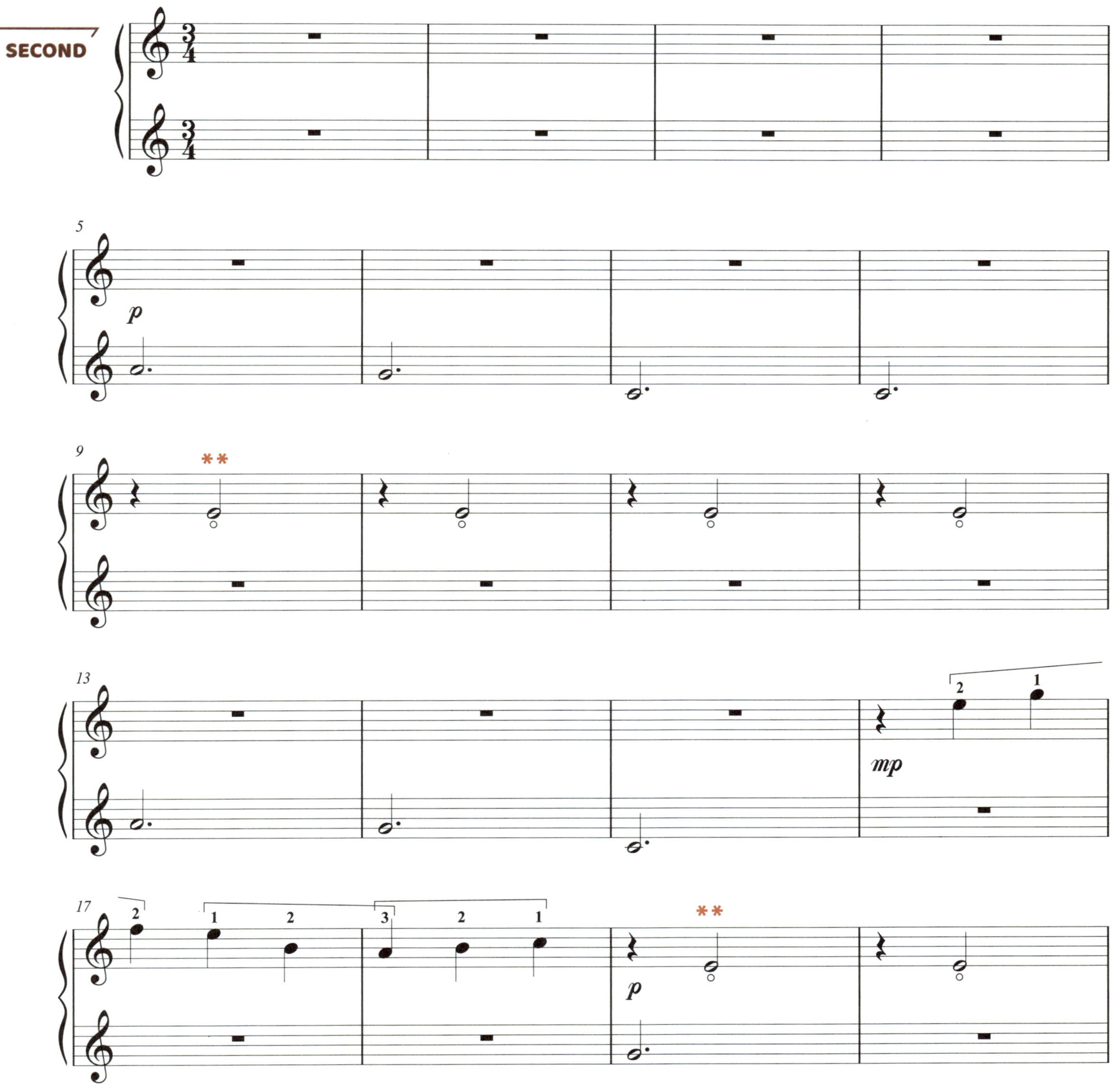

SECOND

**하모닉스 대신 한 옥타브 높은 음을 연주해도 됩니다.

** 하모닉스 대신 한 옥타브 높은 음을 연주해도 됩니다.

La Belle Musique

클래식 하프 듀오곡집 1

발행일 2024년 9월 20일

저자 전민이, 홍선영
발행인 최우진
편집 왕세은
디자인 김세린 · **표지 그림** 홍선영

발행처 그래서음악(somusic)
출판등록 2020년 6월 11일 제 2020-000060호
주소 경기도 성남시 분당구 정자일로 177
이메일 book@somusic.co.kr

ISBN 979-11-93978-01-6 (94670)